연필로 쓰는 한글악필 교정법

한국두뇌개발교육원 · 한국기억술연구원
손 동 조 지음

BM (주)도서출판 성안당

위대한 우리의 한글 글자는 자음과 모음으로 구성되어 있습니다.

　글자의 구성 원리를 보면 4가지 형태로 선을 긋게 되어 있으며 누구나 그 원리를 잘 이해한다면 글자를 쉽게 쓸 수 있도록 만들어진 것이 우리 한글의 가장 큰 장점이라 할 수 있습니다.

　그럼에도, 글자의 구성 원리를 잘 모르고 처음부터 한글을 마구잡이로 쓰게 되면 필체가 엉망이 되는 것이 사실입니다.

　한글을 잘 쓰려면 먼저 글자 쓰기에 앞서 기본선 긋기부터 충분히 연습을 하여야 합니다.

　먼저 (ㅡ)가로선 긋기와 (ㅣ)세로선 긋기 연습을 하고 나서 그리고 (ㅅ)시옷의 대각선 긋기와 (ㅇ)이응인 원형 그리기를 기본적으로 연습하여야 합니다.

　글씨를 예쁘게 쓰게 되면 글쓴이의 마음까지도 맑아지고 또한 노트정리가 잘되어 공부도 잘할 수 있게 됩니다.

　현대는 글자 자판기 시대이므로 요즘 손으로 직접 글을 쓰는 일이 매우 적기 때문에 대부분 사람이 손으로 직접 쓰는 글씨를 잘 못 쓰게 됩니다.

　예전에는 한글 글씨 연습을 하려면 뻣뻣한 펜대를 집고 글씨 연습을 하였습니다.

　요즘도 글씨 교정 교재들이 서점에 많이 나와 있지만 초보자가 글씨 교정용으로 쓰기에는 많은 어려움이 있습니다.

　필기구의 발달로 다양한 펜들이 많이 나와 있습니다. 그러나 글씨를 잘 못 쓰는 사람에게는 아무리 좋은 펜을 가지고 있어도 예쁘게 글씨를 쓸 수 없습니다.

　글씨를 예쁘게 잘 쓰려면 자연스럽게 연필을 잡고 쓰는 연습을 하는 것이 가장 좋은 방법입니다.

　연필은 흑연으로 되어 있어 글씨를 쓰는 느낌이 좋을 뿐 아니라 획을 그을 때도 필자가 원하는 길이와 위치에 정확히 멈출 수가 있으므로 글씨를 더욱 예쁘고 아름답게 쓸 수 있게 됩니다.

　이 교재는 한글을 잘 못 쓰는 초보자가 쉽게 글씨 연습하기에 매우 알맞게 구성되어 있습니다.

　누구나 이 교재로 연습하게 되면 필체가 교정되므로 초보자들이 연습하기에 가장 알맞은 교재라 생각됩니다.

저 자

차례

글씨교정은 나의 발전을 준비시키는 것이다. ⋯⋯⋯⋯ 6
글자 쓰기의 올바른 자세와 필기구 바르게 잡는 법 ⋯⋯⋯⋯ 7
연필로 쓰기와 두뇌 발달 ⋯⋯⋯⋯ 8
악필의 모음과 글씨체 모음집 ⋯⋯⋯⋯ 9

1장 선 긋기와 자·모음 바르게 쓰기

한글을 잘 쓰기 위한 기본 네 가지 선 긋기 훈련 ⋯⋯⋯⋯ 12
아라비아 숫자 1~0까지 바르게 따라 쓰기 ⋯⋯⋯⋯ 13

한글의 자음과 모음 기억하기[1]
바른 글자를 위해 기본 자음[ㄱ~ㅎ]까지 쓰기 연습 ⋯⋯⋯⋯ 33

한글의 자음과 모음 기억하기[2]
바른 글자를 위해 기본 모음[ㅏ~ㅣ]까지 쓰기 연습 ⋯⋯⋯⋯ 48

자·모음의 결합된 글자를 보고 읽어보세요.
ㄱ~ㅎ 첫 자음과 모음을 합하여 낱말 만들어 쓰기 ⋯⋯⋯⋯ 59
한글 [가~하]자를 바르게 쓰기 연습 ⋯⋯⋯⋯ 61

2장 한글 글씨 예쁘고 바르게 쓰기

한글 숫자 일~공까지[1일 차 ~10일 차] 바르게 따라 쓰기 ⋯⋯⋯⋯ 76
인사의 장 글씨 쓰면서 기억하기 1 ⋯⋯⋯⋯ 86
인체의 장 글씨 쓰면서 기억하기 2 ⋯⋯⋯⋯ 98
색깔의 장 글씨 쓰면서 기억하기 3 ⋯⋯⋯⋯ 104
하루의 장 글씨 쓰면서 기억하기 4 ⋯⋯⋯⋯ 108

주·달·년의 장 글씨 쓰면서 기억하기 ……………………… 112

요일의 장 글씨 쓰면서 기억하기 …………………………… 113

월·계절의 장 글씨 쓰면서 기억하기 ……………………… 114

일가 친족의 장 글씨 쓰면서 기억하기 5 …………………… 115

주방의 장 글씨 쓰면서 기억하기 6 ………………………… 123

목욕실의 장 글씨 쓰면서 기억하기 7 ……………………… 128

동물의 장 글씨 쓰면서 기억하기 8 ………………………… 132

해산물의 장 글씨 쓰면서 기억하기 9 ……………………… 140

곤충의 장 글씨 쓰면서 기억하기 10 ………………………… 145

과일의 장 글씨 쓰면서 기억하기 11 ………………………… 149

채소의 장 글씨 쓰면서 기억하기 12 ………………………… 154

꽃의 장 글씨 쓰면서 기억하기 13 …………………………… 158

자연의 장 글씨 쓰면서 기억하기 14 ………………………… 161

직업의 장 글씨 쓰면서 기억하기 15 ………………………… 166

공항의 장 글씨 쓰면서 기억하기 16 ………………………… 170

우체국의 장 글씨 쓰면서 기억하기 17 ……………………… 174

은행의 장 글씨 쓰면서 기억하기 18 ………………………… 177

일상생활 활동의 장1 글씨 쓰면서 기억하기 19 …………… 180

일상생활 활동의 장2 글씨 쓰면서 기억하기 20 …………… 189

한국의 속담과 뜻 이해하며 바르게 쓰기연습 ……………… 198

애국가 1절~4절까지 바르게 쓰기연습 ……………………… 203

알파벳 획순 공부하기

알파벳 인쇄체 대문자 쓰기연습 1 …………………………… 208

알파벳 인쇄체 소문자 쓰기연습 2 …………………………… 210

알파벳 필기체 대문자 쓰기연습 3 …………………………… 212

알파벳 필기체 소문자 쓰기연습 4 …………………………… 214

국어의 로마자 표기법 / 한글 이름 영어 표기법 …………… 216

글씨 교정은 나의 발전을 준비시키는 것이다.

글자를 처음 배우는 초보자들은 글씨를 잘 쓰기보다 또박또박 깨끗하게 쓰는 연습이 더욱 중요합니다.

이제는 논술시험에서도 글씨를 매우 빠르게 써야 할 시대가 온 것 같습니다.

한글을 처음 쓰는 초보자가 글씨를 잘 쓰려면 일정한 크기로 빠르고 정확하게 글자를 써야 하며, 남들이 글씨를 잘 알아보도록 깨끗이 써가는 훈련을 지금부터 해야 합니다.

앞으로 논술시험이나 사회생활 하는 데 있어서 글씨를 잘 못 쓰게 된다면 매우 불리한 입장에 놓이게 될 것입니다.

글로 쓰는 모든 시험에는 채점관이 잘 알아보게 써야 하며 글의 내용을 잘 이해하기 어려울 정도로 글씨를 썼다면 높은 점수가 나오기 어려울 수밖에 없을 것입니다.

최근 서울대학교에서 실시한 정시 모집 논술시험 출제를 위한 모의고사에서 학생들은 답안을 쓰려고 약 5,000자 분량의 글자를 40분 내에 답안 작성을 해야만 했습니다.

학생들은 논술시험의 문제의 난이도보다 쓰기에 있어서 시험시간이 부족할 정도로 답안 분량이 많은 것이 이번 시험에 특징이라고 모두 입을 모았습니다.

이러한 것들을 미리 대비하고자 우리는 지금부터 바른 글자 쓰기와 악필 교정을 통하여 예쁘게 쓰고 글씨를 정확하게 쓰면서도 속도 훈련에도 주력해야 할 것입니다.

오늘날 발전해 온 컴퓨터와 함께 생활해온 우리 인간은 글자를 손가락으로 치는 자판기 시대에도 내가 손으로 직접 글씨를 써서 악필을 명필로 교정하는 것이 시급한 문제입니다.

지금부터라도 나의 미래를 내다보고 조금씩 자신의 발전을 위해 글씨 쓰기를 준비해야 합니다.

글자 쓰기의 올바른 자세와 필기구 바르게 잡는 법 

글씨를 바르게 쓰려면 책상과 걸상의 높이가 몸에 알맞은 것으로 사용하여야 하며 너무 높다든지 아니면 너무 작아서 불편함을 느껴서는 안 됩니다.

책상에 앉아서 글을 쓸 때는 상체를 약 15° 정도 숙인 상태에서 양손을 책상 위에 가지런히 올려 놓습니다. 정자체로 바르게 쓰려면 노트는 바르게 수평으로 놓은 상태가 알맞으며 글씨 쓰기가 가장 좋은 상태입니다.

노트와 필기구는 가슴으로부터 약간 벗어나 우측겨드랑이 선 위치에서 필기구를 잡는 것이 가장 이상적인 필기법입니다.

필기구를 잡을 때에는 필기구의 심 끝으로부터 약 3cm 정도 위치에서 손가락으로 쥔 상태에서 엄지와 검지는 V자 형태로 마주 잡고 중지로는 필기구를 아래쪽에서 가볍게 받쳐 둡니다.

필기구의 각도는 책상으로부터 약 60°로 기우려 쓰는 것이 가장 좋은 필체가 나오는 각도입니다.

글씨를 쓸 때에는 글자의 크기를 일정하게 써야 하며 글자의 간격을 맞추어 수평을 유지하여 글을 써 나기야 합니다.

● **필기구를 잡는 바른 자세와 잘못된 자세를 알아봅시다.** ●

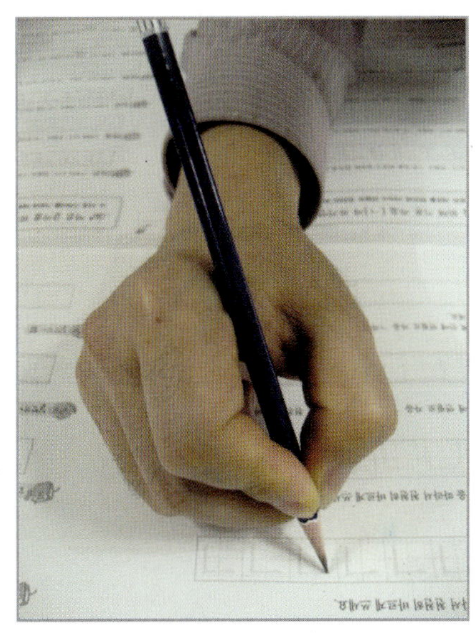

[필기구 잡는 바른 자세 ○]

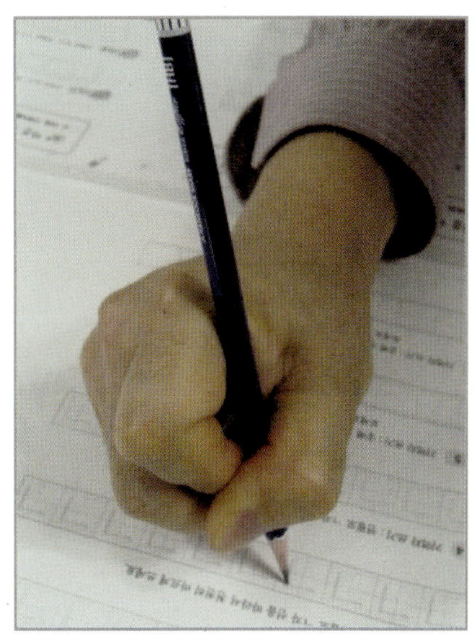

[필기구 잡는 잘못된 자세 ×]

연필로 쓰기와 두뇌 발달

악필교정을 위해서는 처음부터 글씨를 예쁘게 쓰기보다는 천천히 한 글자씩 또박또박 정성을 다해 쓰는 연습이 매우 중요합니다.

글자를 쓸 때에는 글자의 크기가 너무 크게 쓰거나 아니면 너무 작게 쓰면 글자의 통일성이 떨어지기 때문에 글씨가 악필로 보이게 됩니다.

글씨는 획순에 따라 써야 하며 자음과 모음 쓰는 연습을 별도로 연습하고 난 후 글자를 쓰는 것이 바람직합니다.

요즘 초등학생들이 글씨를 잘 못 쓰는 이유 중 하나는 컴퓨터의 보급이 빠르게 확산 되면서 손으로 직접 글씨를 쓰는 기회가 줄어들었기 때문입니다.

또한, 학교나 집에서의 글씨 쓰기 교육이 미흡함도 한 몫하고 있습니다.

숙제를 인터넷으로 찾아 컴퓨터에 바로 입력하고 바로 출력하여 과제물로 제출합니다.

예로부터 우리 민족은 젓가락 문화 환경에서 살아왔습니다.

손가락을 많이 사용하면 손의 움직임을 통하여 뇌 세포와 연결되어 있는 여러 세포에 의하여 두뇌 활동에 큰 영향을 미치게 됩니다.

학생들이 젓가락을 잡고 맛있게 식사를 하듯이 연필을 쥐고 정성스럽게 글씨를 쓰는 습관을 들인다면 바른 인성이 길러지고 집중력과 기억력이 향상된 학습 태도를 보이게 됩니다.

노트 필기의 기술로 글씨를 쓰면서 눈으로 확인하는 과정을 통하여 공부한 내용이 머릿속에 오래도록 남게 됩니다.

연필로 글씨를 쓰는 것은 두뇌 발달에 도움되니 유치원이나 저학년부터 연필로 글씨 쓰는 습관이 생활습관이 되도록 강조합니다.

악필의 유형과 글씨체 모음집

- 글자의 자음과 모음이 균형이 맞지 않는 들쑥날쑥 형

- 세로와 가로의 선이 일정하지 않아 생각 없이 마구 쓰는 천방지축 형

- 글자 쓰기의 기본 연습이 부족하여 성의 없이 대충 쓰는 무성의 형

- 글자의 크기가 일정하지 않고 수평으로 쓰지 않고 글자가 위나 아래로 기울어지며 써 나가는 기울기 형

- 글자의 간격과 띄어쓰기도 못하고 글의 두서가 없는 마음대로 형

- 글자 쓰기 줄과 칸을 무시하고 어지럽게 쓰는 난필 형으로 기초 선 긋기부터 다시 훈련해야 하는 형

[아래 글씨보다 더 잘 쓰기]

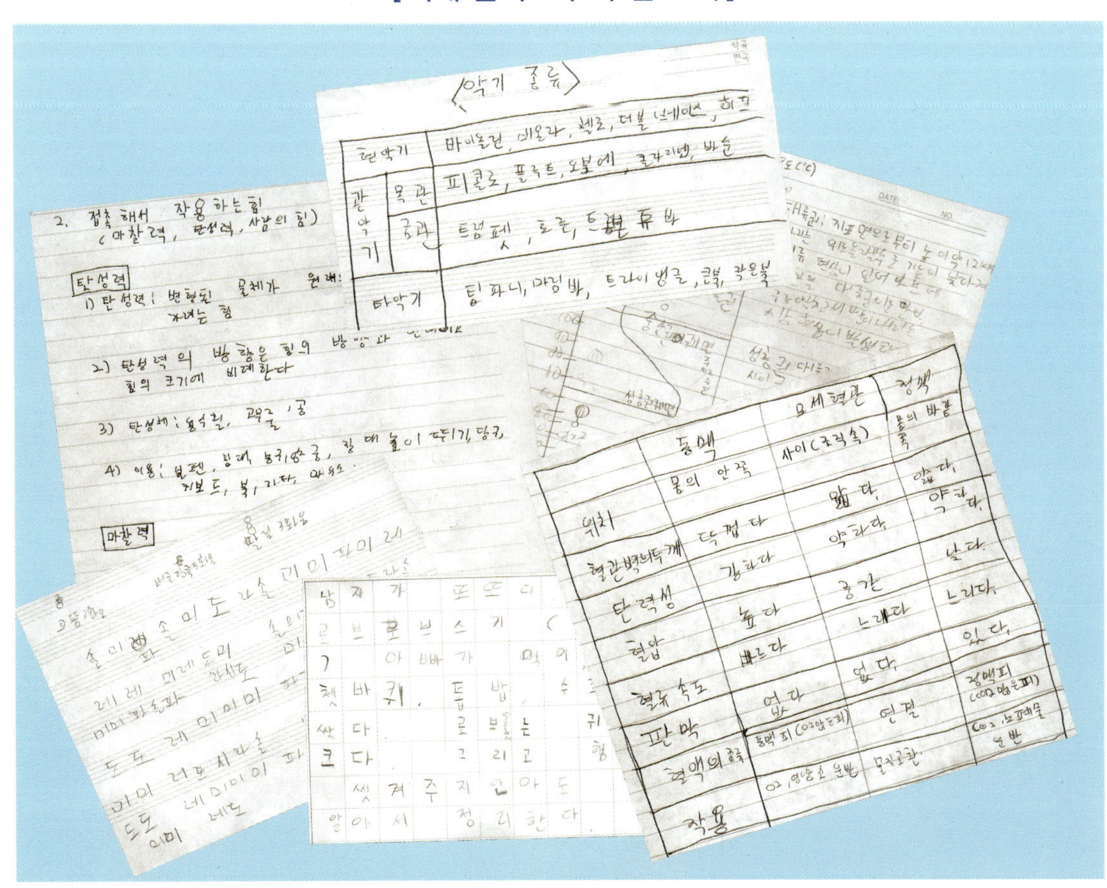

선 긋기와 자·모음 바르게 쓰기

1. 한글을 잘 쓰기 위한 기본 네 가지 선 긋기 [1일 차]씩 훈련하기

2. 아라비아 숫자 1~0까지 바르게 따라 쓰기 [1일 차]씩 쓰기 연습

3. 바른 글자를 위한 기본 자음[ㄱ]자 [1부터] 쓰기 연습

4. 바른 글자를 위해 기본 모음[ㅏ]자 [1부터] 쓰기 연습

※ 위의 1, 2, 3, 4 순서대로 일일 훈련을 하며 이 네 가지 방법을 병행하여 선
  긋기와 기본 자·모음 쓰기 훈련을 반복적으로 합니다.

5. 가~하까지 한글 자·모음이 결합한 글자를 순서대로 바르게 써 나가기

한글을 잘 쓰기 위한 기본 네 가지 선 긋기 훈련

✖ 아래 각 선을 따라 색칠하듯이 선 위를 연필로 중첩하여 써 보세요.

연습 1 가로 선 긋기 : 연필을 바르게 잡은 상태에서 수평선 위를 따라서 똑바로 선을 중첩하여 긋는 연습을 하세요.

연습 2 세로 선 긋기 : 연필을 바르게 잡은 상태에서 수직선 위를 따라서 똑바로 선을 중첩하여 긋는 연습을 하세요.

연습 3 시옷 선 긋기 : 연필을 바르게 잡은 상태에서 시옷선 위를 따라서 똑바로 선을 중첩하여 긋는 연습을 하세요.

연습 4 이응 선 긋기 : 연필을 바르게 잡은 상태에서 이응선 위를 따라서 똑바로 선을 중첩하여 긋는 연습을 하세요.

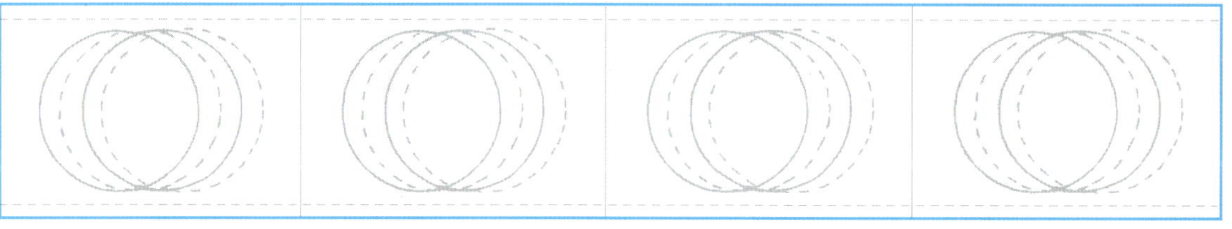

 ## 아라비아 숫자 1~0까지 **바르게 따라 쓰기**

✖ 아래 각 숫자를 따라서 연필로 천천히 바르게 써 보세요.

연습 1 아라비아 숫자 쓰기 : 연필로 숫자 선 위로 천천히 똑바로 써보기

1 2 3 4 5 6 7 8 9 0

연습 2 아라비아 숫자 쓰기 : 연필로 숫자 점선 위로 천천히 똑바로 써보기

1 2 3 4 5 6 7 8 9 0

실전쓰기 3 아라비아 숫자 쓰기 : 공백 안에 연필로 숫자를 1~0까지 천천히 똑바로 직접 써 보세요.

연습 4 아라비아 숫자 쓰기 : 연필로 숫자 선 위로 천천히 똑바로 써보기

1 2 3 4 5 6 7 8 9 0

연습 5 아라비아 숫자 쓰기 : 연필로 숫자 점선 위로 천천히 똑바로 써보기

1 2 3 4 5 6 7 8 9 0

실전쓰기 6 아라비아 숫자 쓰기 : 공백 안에 연필로 숫자를 1~0까지 천천히 똑바로 직접 써 보세요.

한글을 잘 쓰기 위한 기본 네 가지 선 긋기 훈련

※ 아래 각 선을 따라 색칠하듯이 선 위를 연필로 중첩하여 써 보세요.

연습 1 **가로 선 긋기** : 연필을 바르게 잡은 상태에서 수평선 위를 따라서 똑바로 선을 중첩하여 긋는 연습을 하세요.

연습 2 **세로 선 긋기** : 연필을 바르게 잡은 상태에서 수직선 위를 따라서 똑바로 선을 중첩하여 긋는 연습을 하세요.

연습 3 **시옷 선 긋기** : 연필을 바르게 잡은 상태에서 시옷선 위를 따라서 똑바로 선을 중첩하여 긋는 연습을 하세요.

연습 4 **이응 선 긋기** : 연필을 바르게 잡은 상태에서 이응선 위를 따라서 똑바로 선을 중첩하여 긋는 연습을 하세요.

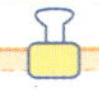 아라비아 숫자 1~0까지 바르게 따라 쓰기

2일 차

✖ 아래 각 숫자를 따라서 연필로 천천히 바르게 써 보세요.

 **연습 1**　아라비아 숫자 쓰기 : 연필로 숫자 선 위로 천천히 똑바로 써보기

1 2 3 4 5 6 7 8 9 0

연습 2　아라비아 숫자 쓰기 : 연필로 숫자 점선 위로 천천히 똑바로 써보기

1 2 3 4 5 6 7 8 9 0

실전쓰기 3　아라비아 숫자 쓰기 : 공백 안에 연필로 숫자를 1~0까지 천천히 똑바로 직접 써 보세요.

연습 4　아라비아 숫자 쓰기 : 연필로 숫자 선 위로 천천히 똑바로 써보기

1 2 3 4 5 6 7 8 9 0

연습 5　아라비아 숫자 쓰기 : 연필로 숫자 점선 위로 천천히 똑바로 써보기

1 2 3 4 5 6 7 8 9 0

실전쓰기 6　아라비아 숫자 쓰기 : 공백 안에 연필로 숫자를 1~0까지 천천히 똑바로 직접 써 보세요.

한글을 잘 쓰기 위한 기본 네 가지 선 긋기 훈련

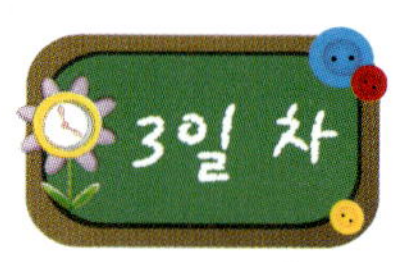

✖ 아래 각 선을 따라 색칠하듯이 선 위를 연필로 중첩하여 써 보세요.

연습 1 가로 선 긋기 : 연필을 바르게 잡은 상태에서 수평선 위를 따라서 똑바로 선을 중첩하여 긋는 연습을 하세요.

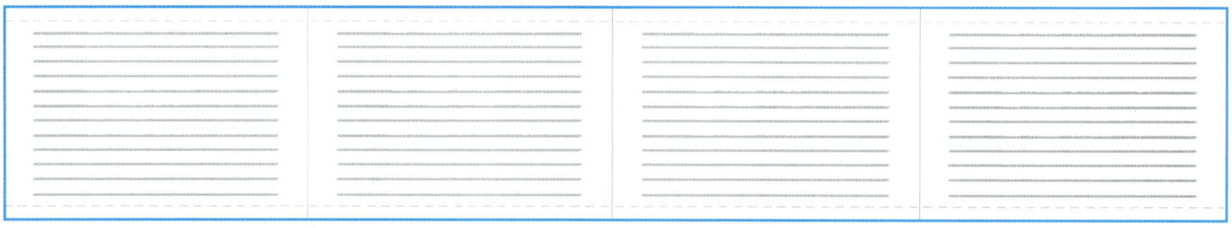

연습 2 세로 선 긋기 : 연필을 바르게 잡은 상태에서 수직선 위를 따라서 똑바로 선을 중첩하여 긋는 연습을 하세요.

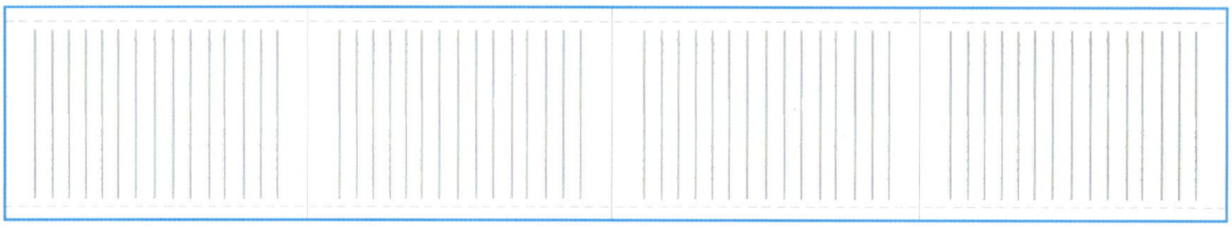

연습 3 시옷 선 긋기 : 연필을 바르게 잡은 상태에서 시옷선 위를 따라서 똑바로 선을 중첩하여 긋는 연습을 하세요.

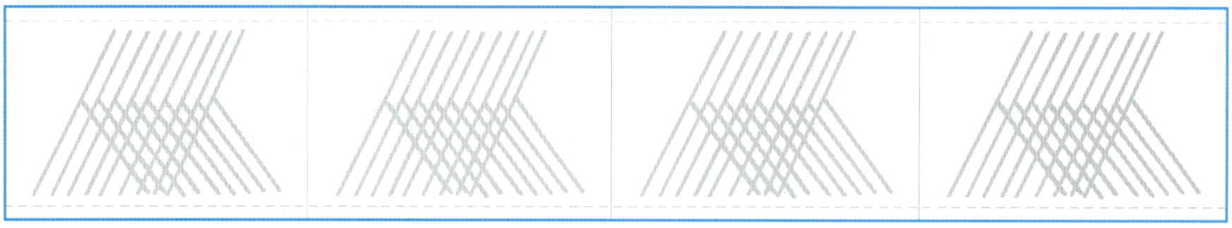

연습 4 이응 선 긋기 : 연필을 바르게 잡은 상태에서 이응선 위를 따라서 똑바로 선을 중첩하여 긋는 연습을 하세요.

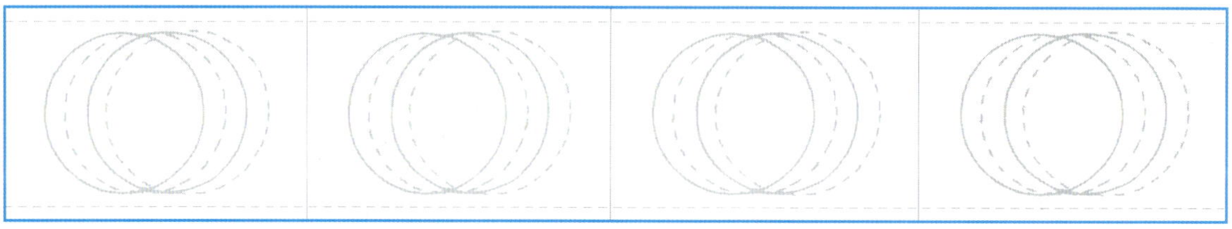

 아라비아 숫자 1~0까지 **바르게 따라 쓰기**

3일 차

✖ 아래 각 숫자를 따라서 연필로 천천히 바르게 써 보세요.

연습 1 아라비아 숫자 쓰기 : 연필로 숫자 선 위로 천천히 똑바로 써보기

1 2 3 4 5 6 7 8 9 0

연습 2 아라비아 숫자 쓰기 : 연필로 숫자 점선 위로 천천히 똑바로 써보기

1 2 3 4 5 6 7 8 9 0

실전쓰기 3 아라비아 숫자 쓰기 : 공백 안에 연필로 숫자를 1~0까지 천천히 똑바로 직접 써 보세요.

연습 4 아라비아 숫자 쓰기 : 연필로 숫자 선 위로 천천히 똑바로 써보기

1 2 3 4 5 6 7 8 9 0

연습 5 아라비아 숫자 쓰기 : 연필로 숫자 점선 위로 천천히 똑바로 써보기

1 2 3 4 5 6 7 8 9 0

실전쓰기 6 아라비아 숫자 쓰기 : 공백 안에 연필로 숫자를 1~0까지 천천히 똑바로 직접 써 보세요.

한글을 잘 쓰기 위한 기본 네 가지 선 긋기 훈련

✖ 아래 각 선을 따라 색칠하듯이 선 위를 연필로 중첩하여 써 보세요.

연습 1 **가로 선 긋기** : 연필을 바르게 잡은 상태에서 수평선 위를 따라서 똑바로 선을 중첩하여 긋는 연습을 하세요.

연습 2 **세로 선 긋기** : 연필을 바르게 잡은 상태에서 수직선 위를 따라서 똑바로 선을 중첩하여 긋는 연습을 하세요.

연습 3 **시옷 선 긋기** : 연필을 바르게 잡은 상태에서 시옷선 위를 따라서 똑바로 선을 중첩하여 긋는 연습을 하세요.

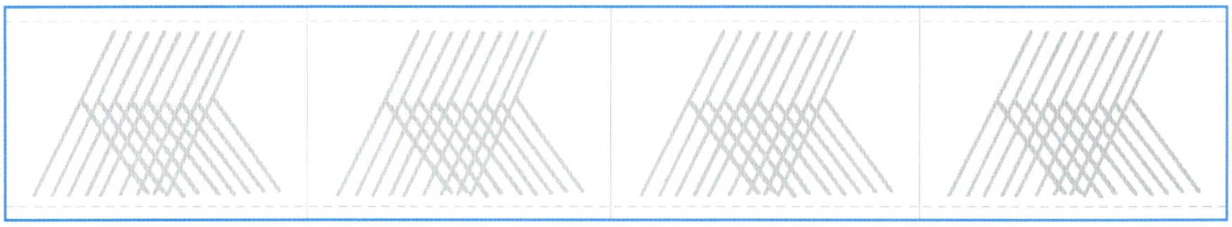

연습 4 **이응 선 긋기** : 연필을 바르게 잡은 상태에서 이응선 위를 따라서 똑바로 선을 중첩하여 긋는 연습을 하세요.

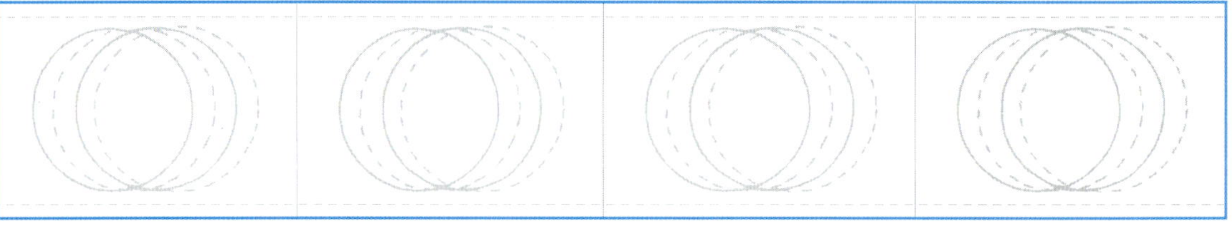

아라비아 숫자 1~0까지 바르게 따라 쓰기

❌ 아래 각 숫자를 따라서 연필로 천천히 바르게 써 보세요.

연습 1 아라비아 숫자 쓰기 : 연필로 숫자 선 위로 천천히 똑바로 써보기

1 2 3 4 5 6 7 8 9 0

연습 2 아라비아 숫자 쓰기 : 연필로 숫자 점선 위로 천천히 똑바로 써보기

1 2 3 4 5 6 7 8 9 0

실전쓰기 3 아라비아 숫자 쓰기 : 공백 안에 연필로 숫자를 1~0까지 천천히 똑바로 직접 써 보세요.

연습 4 아라비아 숫자 쓰기 : 연필로 숫자 선 위로 천천히 똑바로 써보기

1 2 3 4 5 6 7 8 9 0

연습 5 아라비아 숫자 쓰기 : 연필로 숫자 점선 위로 천천히 똑바로 써보기

1 2 3 4 5 6 7 8 9 0

실전쓰기 6 아라비아 숫자 쓰기 : 공백 안에 연필로 숫자를 1~0까지 천천히 똑바로 직접 써 보세요.

🐝 한글을 잘 쓰기 위한 기본 네 가지 선 긋기 훈련

❋ 아래 각 선을 따라 색칠하듯이 선 위를 연필로 중첩하여 써 보세요.

연습 1 **가로 선 긋기** : 연필을 바르게 잡은 상태에서 수평선 위를 따라서 똑바로 선을 중첩하여 긋는 연습을 하세요.

연습 2 **세로 선 긋기** : 연필을 바르게 잡은 상태에서 수직선 위를 따라서 똑바로 선을 중첩하여 긋는 연습을 하세요.

연습 3 **시옷 선 긋기** : 연필을 바르게 잡은 상태에서 시옷선 위를 따라서 똑바로 선을 중첩하여 긋는 연습을 하세요.

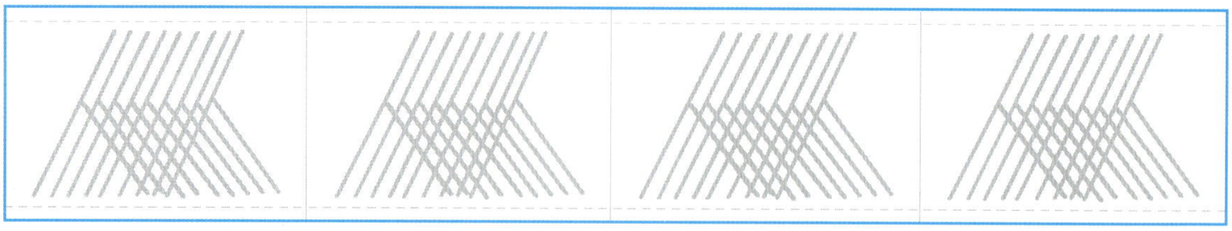

연습 4 **이응 선 긋기** : 연필을 바르게 잡은 상태에서 이응선 위를 따라서 똑바로 선을 중첩하여 긋는 연습을 하세요.

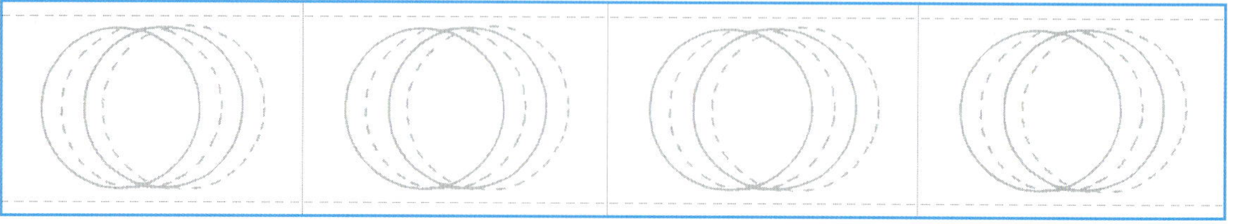

 아라비아 숫자 1~0까지 바르게 따라 쓰기

 5일 차

❈ 아래 각 숫자를 따라서 연필로 천천히 바르게 써 보세요.

연습 1 아라비아 숫자 쓰기 : 연필로 숫자 선 위로 천천히 똑바로 써보기

연습 2 아라비아 숫자 쓰기 : 연필로 숫자 점선 위로 천천히 똑바로 써보기

실전쓰기 3 아라비아 숫자 쓰기 : 공백 안에 연필로 숫자를 1~0까지 천천히 똑바로 직접 써 보세요.

연습 4 아라비아 숫자 쓰기 : 연필로 숫자 선 위로 천천히 똑바로 써보기

연습 5 아라비아 숫자 쓰기 : 연필로 숫자 점선 위로 천천히 똑바로 써보기

실전쓰기 6 아라비아 숫자 쓰기 : 공백 안에 연필로 숫자를 1~0까지 천천히 똑바로 직접 써 보세요.

한글을 잘 쓰기 위한 기본 네 가지 선 긋기 훈련

✖ 아래 각 선을 따라 색칠하듯이 선 위를 연필로 중첩하여 써 보세요.

연습 1 **가로 선 긋기** : 연필을 바르게 잡은 상태에서 수평선 위를 따라서 똑바로 선을 중첩하여 긋는 연습을 하세요.

연습 2 **세로 선 긋기** : 연필을 바르게 잡은 상태에서 수직선 위를 따라서 똑바로 선을 중첩하여 긋는 연습을 하세요.

연습 3 **시옷 선 긋기** : 연필을 바르게 잡은 상태에서 시옷선 위를 따라서 똑바로 선을 중첩하여 긋는 연습을 하세요.

연습 4 **이응 선 긋기** : 연필을 바르게 잡은 상태에서 이응선 위를 따라서 똑바로 선을 중첩하여 긋는 연습을 하세요.

 아라비아 숫자 1~0까지 **바르게 따라 쓰기**

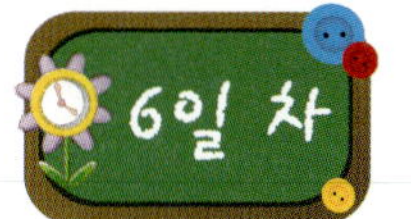 6일 차

✖ 아래 각 숫자를 따라서 연필로 천천히 바르게 써 보세요.

연습 1 아라비아 숫자 쓰기 : 연필로 숫자 선 위로 천천히 똑바로 써보기

| 1 | 2 | 3 | 4 | 5 | 6 | 7 | 8 | 9 | 0 |

연습 2 아라비아 숫자 쓰기 : 연필로 숫자 점선 위로 천천히 똑바로 써보기

| 1 | 2 | 3 | 4 | 5 | 6 | 7 | 8 | 9 | 0 |

실전쓰기 3 아라비아 숫자 쓰기 : 공백 안에 연필로 숫자를 1~0까지 천천히 똑바로 직접 써 보세요.

| | | | | | | | | | |

연습 4 아라비아 숫자 쓰기 : 연필로 숫자 선 위로 천천히 똑바로 써보기

| 1 | 2 | 3 | 4 | 5 | 6 | 7 | 8 | 9 | 0 |

연습 5 아라비아 숫자 쓰기 : 연필로 숫자 점선 위로 천천히 똑바로 써보기

| 1 | 2 | 3 | 4 | 5 | 6 | 7 | 8 | 9 | 0 |

실전쓰기 6 아라비아 숫자 쓰기 : 공백 안에 연필로 숫자를 1~0까지 천천히 똑바로 직접 써 보세요.

| | | | | | | | | | |

🐝 한글을 잘 쓰기 위한 **기본 네 가지 선 긋기 훈련**

❌ 아래 각 선을 따라 색칠하듯이 선 위를 연필로 중첩하여 써 보세요.

연습 1 **가로 선 긋기** : 연필을 바르게 잡은 상태에서 수평선 위를 따라서 똑바로 선을 중첩하여 긋는 연습을 하세요.

연습 2 **세로 선 긋기** : 연필을 바르게 잡은 상태에서 수직선 위를 따라서 똑바로 선을 중첩하여 긋는 연습을 하세요.

연습 3 **시옷 선 긋기** : 연필을 바르게 잡은 상태에서 시옷선 위를 따라서 똑바로 선을 중첩하여 긋는 연습을 하세요.

연습 4 **이응 선 긋기** : 연필을 바르게 잡은 상태에서 이응선 위를 따라서 똑바로 선을 중첩하여 긋는 연습을 하세요.

아라비아 숫자 1~0까지 **바르게 따라 쓰기**

✖ 아래 각 숫자를 따라서 연필로 천천히 바르게 써 보세요.

연습 1 아라비아 숫자 쓰기 : 연필로 숫자 선 위로 천천히 똑바로 써보기

1 2 3 4 5 6 7 8 9 0

연습 2 아라비아 숫자 쓰기 : 연필로 숫자 점선 위로 천천히 똑바로 써보기

1 2 3 4 5 6 7 8 9 0

실전쓰기 3 아라비아 숫자 쓰기 : 공백 안에 연필로 숫자를 1~0까지 천천히 똑바로 직접 써 보세요.

연습 4 아라비아 숫자 쓰기 : 연필로 숫자 선 위로 천천히 똑바로 써보기

1 2 3 4 5 6 7 8 9 0

연습 5 아라비아 숫자 쓰기 : 연필로 숫자 점선 위로 천천히 똑바로 써보기

1 2 3 4 5 6 7 8 9 0

실전쓰기 6 아라비아 숫자 쓰기 : 공백 안에 연필로 숫자를 1~0까지 천천히 똑바로 직접 써 보세요.

🐾 한글을 잘 쓰기 위한 기본 네 가지 선 긋기 훈련

✖ 아래 각 선을 따라 색칠하듯이 선 위를 연필로 중첩하여 써 보세요.

연습 1 가로 선 긋기 : 연필을 바르게 잡은 상태에서 수평선 위를 따라서 똑바로 선을 중첩하여 긋는 연습을 하세요.

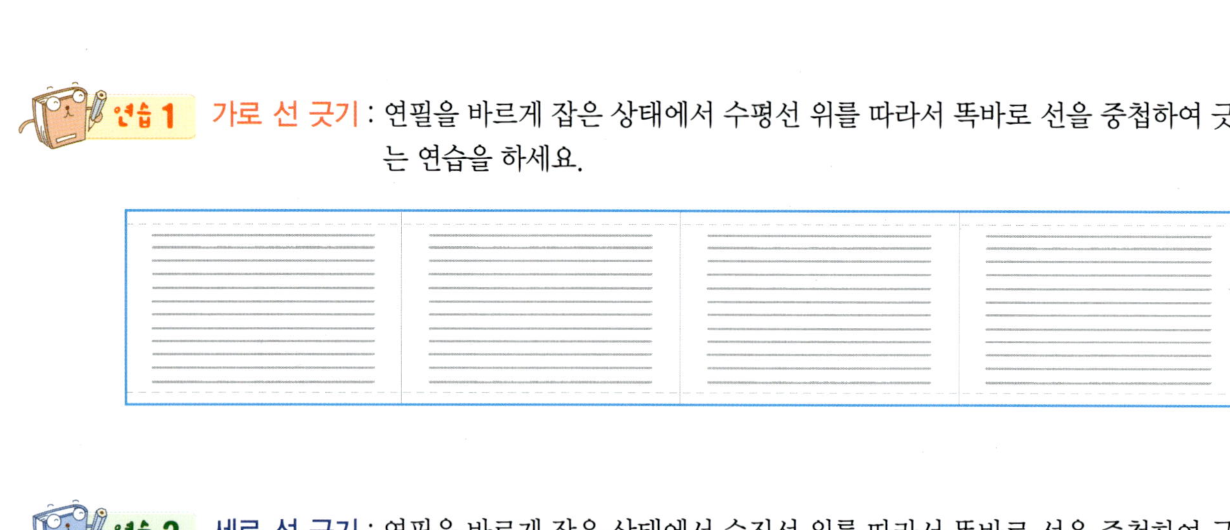

연습 2 세로 선 긋기 : 연필을 바르게 잡은 상태에서 수직선 위를 따라서 똑바로 선을 중첩하여 긋는 연습을 하세요.

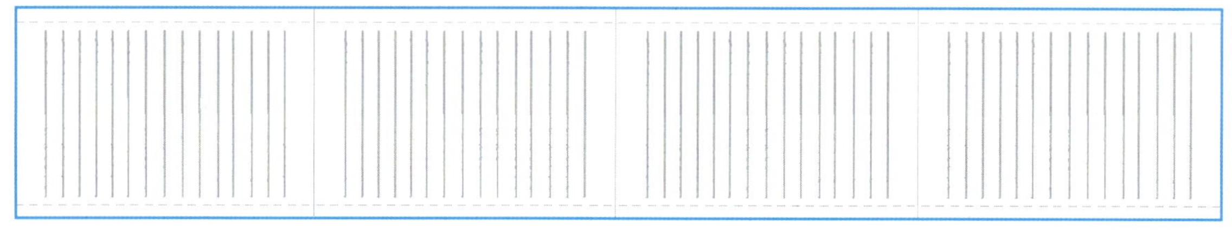

연습 3 시옷 선 긋기 : 연필을 바르게 잡은 상태에서 시옷선 위를 따라서 똑바로 선을 중첩하여 긋는 연습을 하세요.

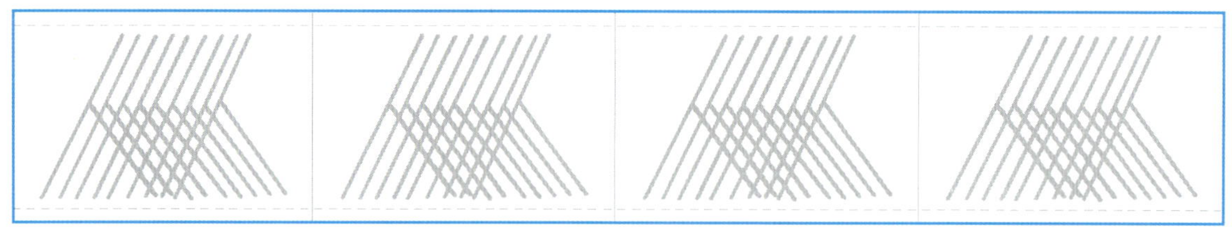

연습 4 이응 선 긋기 : 연필을 바르게 잡은 상태에서 이응선 위를 따라서 똑바로 선을 중첩하여 긋는 연습을 하세요.

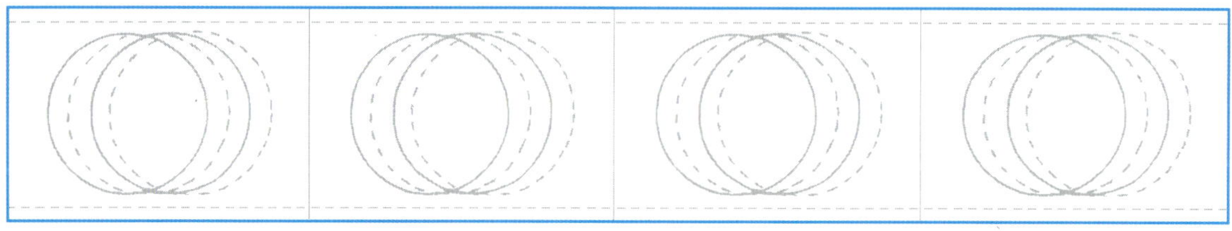

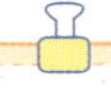 

아라비아 숫자 1~0까지 **바르게 따라 쓰기**

✖ 아래 각 숫자를 따라서 연필로 천천히 바르게 써 보세요.

연습 1　아라비아 숫자 쓰기 : 연필로 숫자 선 위로 천천히 똑바로 써보기

1 2 3 4 5 6 7 8 9 0

연습 2　아라비아 숫자 쓰기 : 연필로 숫자 점선 위로 천천히 똑바로 써보기

1 2 3 4 5 6 7 8 9 0

실전쓰기 3　아라비아 숫자 쓰기 : 공백 안에 연필로 숫자를 1~0까지 천천히 똑바로 직접 써 보세요.

연습 4　아라비아 숫자 쓰기 : 연필로 숫자 선 위로 천천히 똑바로 써보기

1 2 3 4 5 6 7 8 9 0

연습 5　아라비아 숫자 쓰기 : 연필로 숫자 점선 위로 천천히 똑바로 써보기

1 2 3 4 5 6 7 8 9 0

실전쓰기 6　아라비아 숫자 쓰기 : 공백 안에 연필로 숫자를 1~0까지 천천히 똑바로 직접 써 보세요.

한글을 잘 쓰기 위한 기본 네 가지 선 긋기 훈련

✖ 아래 각 선을 따라 색칠하듯이 선 위를 연필로 중첩하여 써 보세요.

연습 1 가로 선 긋기 : 연필을 바르게 잡은 상태에서 수평선 위를 따라서 똑바로 선을 중첩하여 긋는 연습을 하세요.

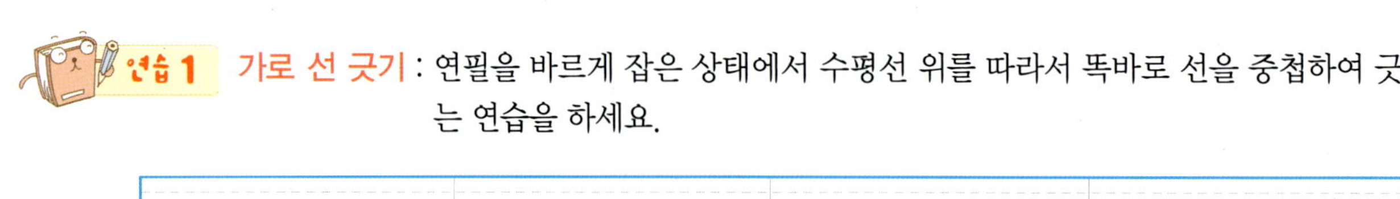

연습 2 세로 선 긋기 : 연필을 바르게 잡은 상태에서 수직선 위를 따라서 똑바로 선을 중첩하여 긋는 연습을 하세요.

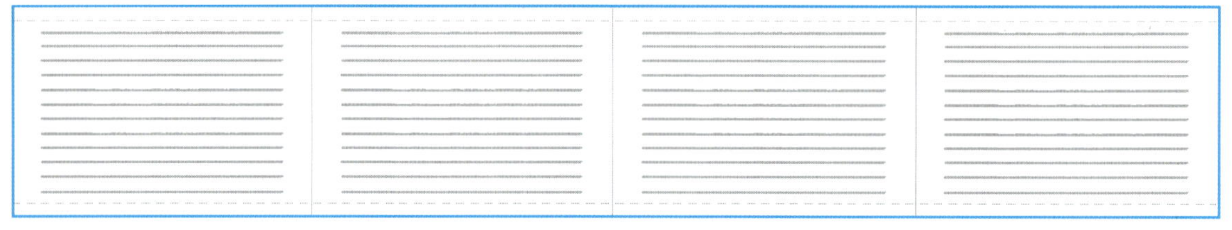

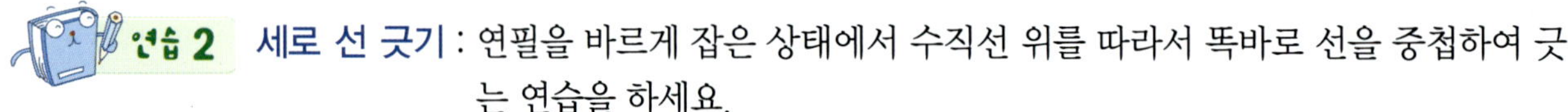

연습 3 시옷 선 긋기 : 연필을 바르게 잡은 상태에서 시옷선 위를 따라서 똑바로 선을 중첩하여 긋는 연습을 하세요.

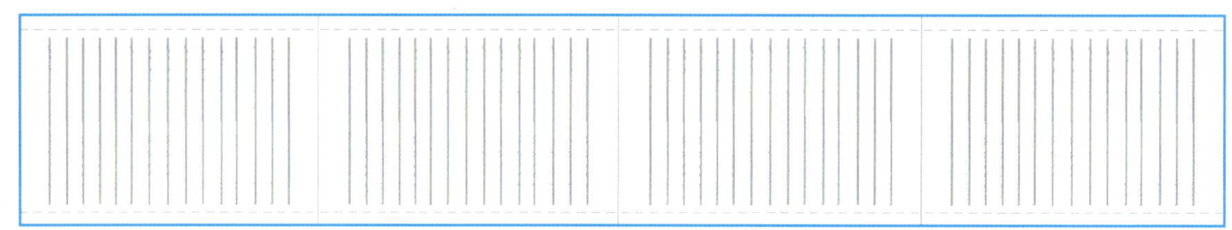

연습 4 이응 선 긋기 : 연필을 바르게 잡은 상태에서 이응선 위를 따라서 똑바로 선을 중첩하여 긋는 연습을 하세요.

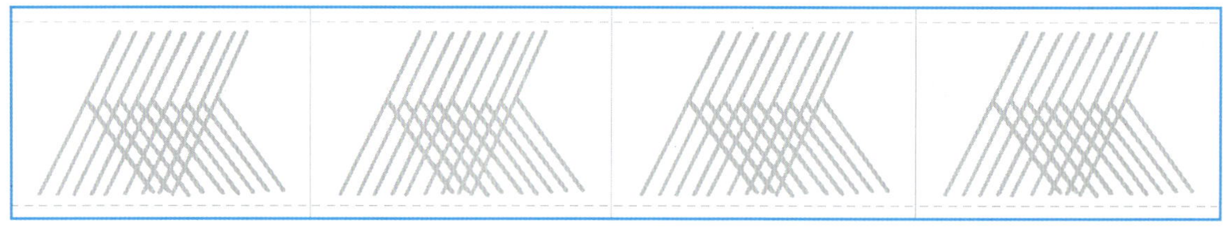

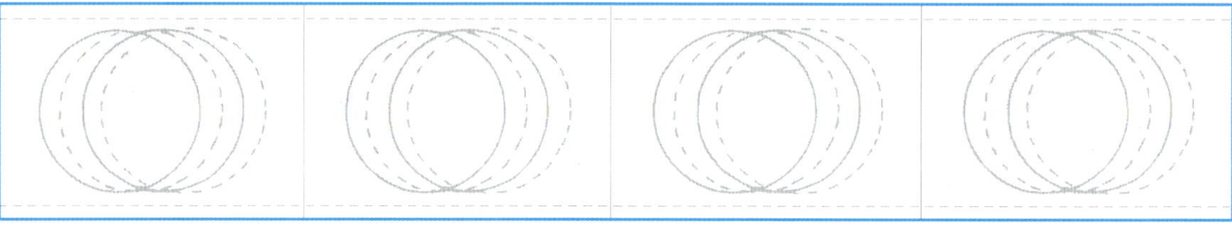

아라비아 숫자 1~0까지 바르게 따라 쓰기

✖ 아래 각 숫자를 따라서 연필로 천천히 바르게 써 보세요.

연습 1   아라비아 숫자 쓰기 : 연필로 숫자 선 위로 천천히 똑바로 써보기

1 2 3 4 5 6 7 8 9 0

연습 2   아라비아 숫자 쓰기 : 연필로 숫자 점선 위로 천천히 똑바로 써보기

1 2 3 4 5 6 7 8 9 0

실전쓰기 3   아라비아 숫자 쓰기 : 공백 안에 연필로 숫자를 1~0까지 천천히 똑바로 직접 써 보세요.

연습 4   아라비아 숫자 쓰기 : 연필로 숫자 선 위로 천천히 똑바로 써보기

1 2 3 4 5 6 7 8 9 0

연습 5   아라비아 숫자 쓰기 : 연필로 숫자 점선 위로 천천히 똑바로 써보기

1 2 3 4 5 6 7 8 9 0

실전쓰기 6   아라비아 숫자 쓰기 : 공백 안에 연필로 숫자를 1~0까지 천천히 똑바로 직접 써 보세요.

한글을 잘 쓰기 위한 **기본 네 가지 선 긋기 훈련**

❌ 아래 각 선을 따라 색칠하듯이 선 위를 연필로 중첩하여 써 보세요.

연습 1 · **가로 선 긋기** : 연필을 바르게 잡은 상태에서 수평선 위를 따라서 똑바로 선을 중첩하여 긋는 연습을 하세요.

연습 2 · **세로 선 긋기** : 연필을 바르게 잡은 상태에서 수직선 위를 따라서 똑바로 선을 중첩하여 긋는 연습을 하세요.

연습 3 · **시옷 선 긋기** : 연필을 바르게 잡은 상태에서 시옷선 위를 따라서 똑바로 선을 중첩하여 긋는 연습을 하세요.

연습 4 · **이응 선 긋기** : 연필을 바르게 잡은 상태에서 이응선 위를 따라서 똑바로 선을 중첩하여 긋는 연습을 하세요.

  ## 아라비아 숫자 1~0까지 **바르게 따라 쓰기**

✖ 아래 각 숫자를 따라서 연필로 천천히 바르게 써 보세요.

연습 1 아라비아 숫자 쓰기 : 연필로 숫자 선 위로 천천히 똑바로 써보기

> 1 2 3 4 5 6 7 8 9 0

연습 2 아라비아 숫자 쓰기 : 연필로 숫자 점선 위로 천천히 똑바로 써보기

> 1 2 3 4 5 6 7 8 9 0

실전쓰기 3 아라비아 숫자 쓰기 : 공백 안에 연필로 숫자를 1~0까지 천천히 똑바로 직접 써 보세요.

연습 4 아라비아 숫자 쓰기 : 연필로 숫자 선 위로 천천히 똑바로 써보기

> 1 2 3 4 5 6 7 8 9 0

연습 5 아라비아 숫자 쓰기 : 연필로 숫자 점선 위로 천천히 똑바로 써보기

> 1 2 3 4 5 6 7 8 9 0

실전쓰기 6 아라비아 숫자 쓰기 : 공백 안에 연필로 숫자를 1~0까지 천천히 똑바로 직접 써 보세요.

한글의 자음과 모음 기억하기

[자음쓰기 획순알기]

❖ 한글 자음은 모두 열 네 자로 구성되어 있으며 그 순서와 이름은 다음과 같다.

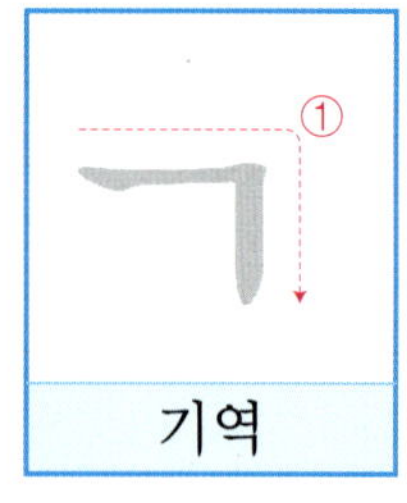

기역

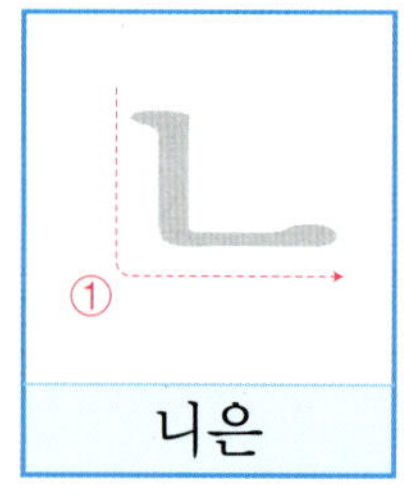

니은

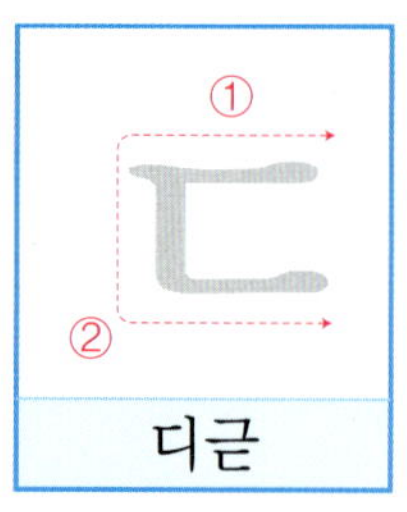

디귿

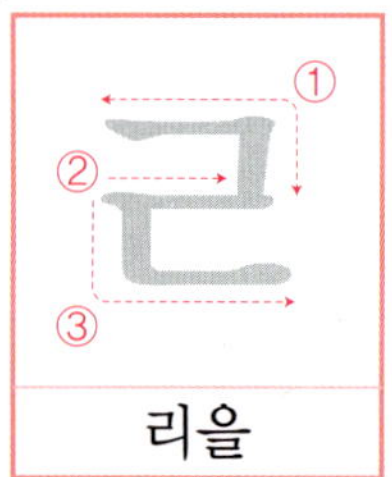

리을

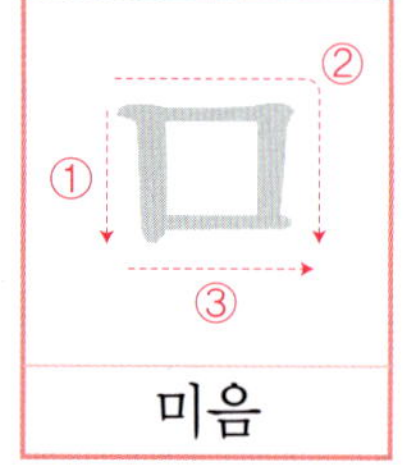

미음

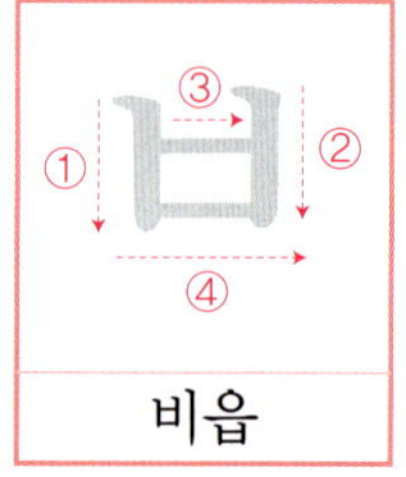

비읍

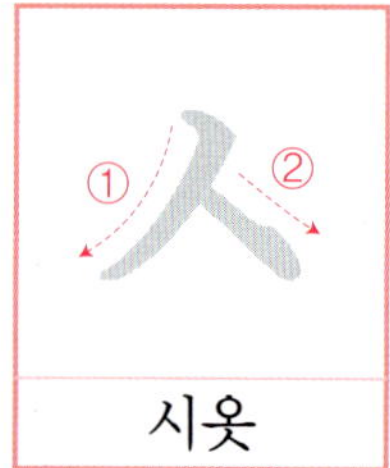

시옷

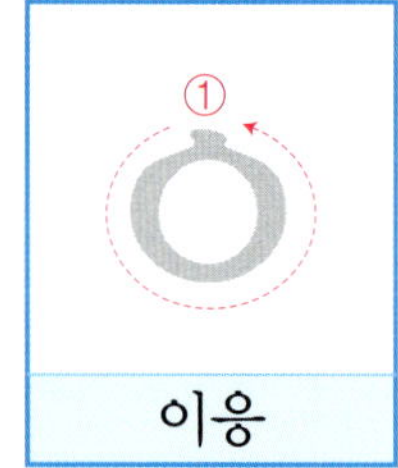

이응

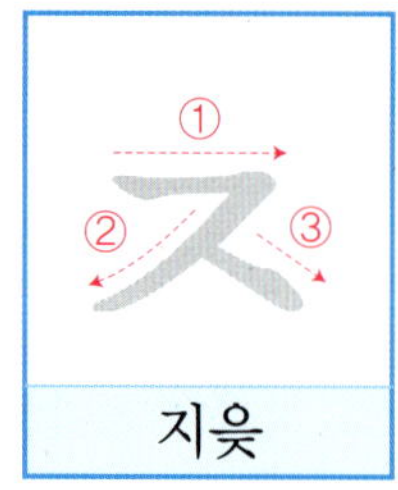

지읒

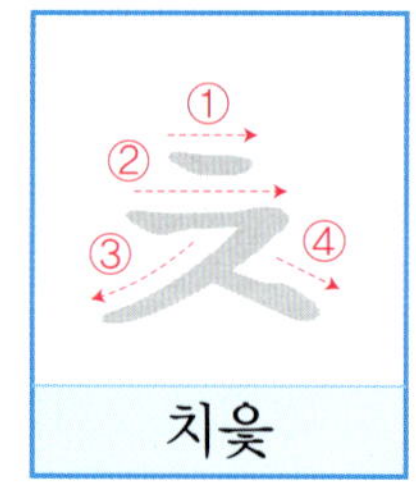

치읓

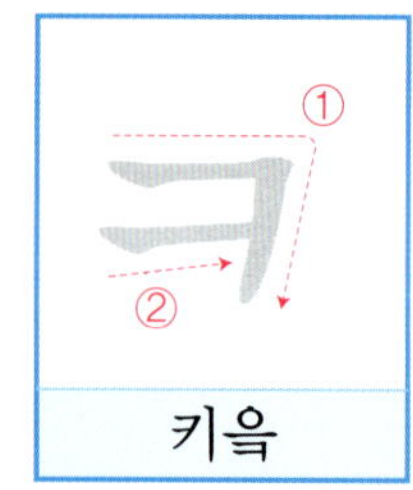

키읔

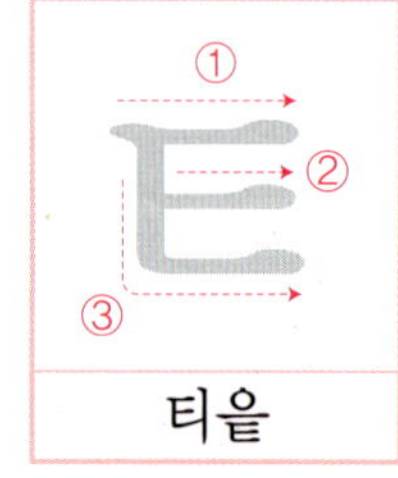

티읕

피읖

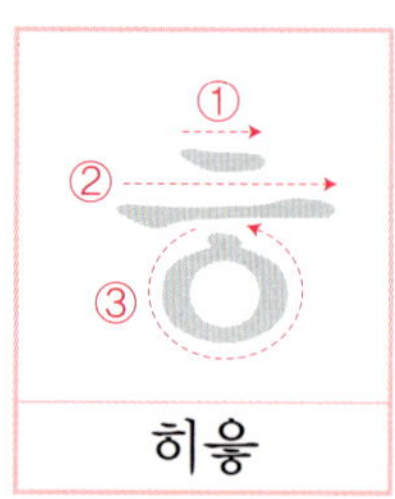

히읗

[사전의 낱말순서 기억하기]

❖ 사전에서 낱말을 찾을 때 자모음 순서는 아래와 같이 정한다.

- 자음 : ㄱ ㄲ ㄴ ㄷ ㄸ ㄹ ㅁ ㅂ ㅃ ㅅ ㅆ ㅇ ㅈ ㅉ ㅊ ㅋ ㅌ ㅍ ㅎ
- 모음 : ㅏ ㅐ ㅑ ㅒ ㅓ ㅔ ㅕ ㅖ ㅗ ㅘ ㅙ ㅚ ㅛ ㅜ ㅝ ㅞ ㅟ ㅠ ㅡ ㅢ ㅣ

바른 글자를 위해 기본 자음 기역[ㄱ]자 쓰기연습 

1

✖ 아래 [기역]자를 가로와 세로를 한번에 이어서 연필로 천천히 써 보세요.

연습 1   기역 쓰기 : 연필로 ㄱ자 선을 따라서 천천히 바르게 쓰세요.

연습 2   기역 쓰기 : 연필로 ㄱ자 점선을 따라서 천천히 바르게 쓰세요.

실전쓰기 3   기역 쓰기 : 공백 안에 연필로 자음 ㄱ자를 일정한 크기로 천천히 똑바로 직접 써 보세요.

연습 4   기역 쓰기 : 연필로 ㄱ자 선을 따라서 천천히 바르게 쓰세요.

연습 5   기역 쓰기 : 연필로 ㄱ자 점선을 따라서 천천히 바르게 쓰세요.

실전쓰기 6   기역 쓰기 : 공백 안에 연필로 자음 ㄱ자를 일정한 크기로 천천히 똑바로 직접 써 보세요.

바른 글자를 위해 기본 자음 니은[ㄴ]자 쓰기연습

2

✖ 아래 [니은]자를 세로와 가로를 한번에 이어서 연필로 천천히 써 보세요.

연습 1 니은 쓰기 : 연필로 ㄴ자 선을 따라서 천천히 바르게 쓰세요.

연습 2 니은 쓰기 : 연필로 ㄴ자 점선을 따라서 천천히 바르게 쓰세요.

실전쓰기 3 니은 쓰기 : 공백 안에 연필로 자음 ㄴ자를 일정한 크기로 천천히 똑바로 직접 써 보세요.

연습 4 니은 쓰기 : 연필로 ㄴ자 선을 따라서 천천히 바르게 쓰세요.

연습 5 니은 쓰기 : 연필로 ㄴ자 점선을 따라서 천천히 바르게 쓰세요.

실전쓰기 6 니은 쓰기 : 공백 안에 연필로 자음 ㄴ자를 일정한 크기로 천천히 똑바로 직접 써 보세요.

바른 글자를 위해 기본 자음 디귿[ㄷ]자 쓰기연습 **3**

✖ 가로선을 긋고 나서 [니은]자를 연결하듯 연필로 천천히 써 보세요.

연습 1 디귿 쓰기 : 연필로 ㄷ자 선을 따라서 천천히 바르게 쓰세요.

연습 2 디귿 쓰기 : 연필로 ㄷ자 점선을 따라서 천천히 바르게 쓰세요.

실전쓰기 3 디귿 쓰기 : 공백 안에 연필로 자음 ㄷ자를 일정한 크기로 천천히 똑바로 직접 써 보세요.

연습 4 디귿 쓰기 : 연필로 ㄷ자 선을 따라서 천천히 바르게 쓰세요.

연습 5 디귿 쓰기 : 연필로 ㄷ자 점선을 따라서 천천히 바르게 쓰세요.

실전쓰기 6 디귿 쓰기 : 공백 안에 연필로 자음 ㄷ자를 일정한 크기로 천천히 똑바로 직접 써 보세요.

✖ 기역자를 쓰고 가로선을 긋고 [니은]자로 연결하듯 연필로 천천히 써 보세요. 

연습 1 리을 쓰기 : 연필로 ㄹ자 선을 따라서 천천히 바르게 쓰세요.

연습 2 리을 쓰기 : 연필로 ㄹ자 점선을 따라서 천천히 바르게 쓰세요.

실전쓰기 3 리을 쓰기 : 공백 안에 연필로 자음 ㄹ자를 일정한 크기로 천천히 똑바로 직접 써 보세요.

연습 4 리을 쓰기 : 연필로 ㄹ자 선을 따라서 천천히 바르게 쓰세요.

연습 5 리을 쓰기 : 연필로 ㄹ자 점선을 따라서 천천히 바르게 쓰세요.

실전쓰기 6 리을 쓰기 : 공백 안에 연필로 자음 ㄹ자를 일정한 크기로 천천히 똑바로 직접 써 보세요.

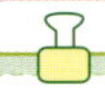

바른 글자를 위해 기본 자음 미음[ㅁ]자 쓰기연습

5

✖ 세로선과 [기역]자를 쓰고 가로선으로 마무리하듯 연필로 천천히 써 보세요.

연습 1 미음 쓰기 : 연필로 ㅁ자 선을 따라서 천천히 바르게 쓰세요.

연습 2 미음 쓰기 : 연필로 ㅁ자 점선을 따라서 천천히 바르게 쓰세요.

실전쓰기 3 미음 쓰기 : 공백 안에 연필로 자음 ㅁ자를 일정한 크기로 천천히 똑바로 직접 써 보세요.

연습 4 미음 쓰기 : 연필로 ㅁ자 선을 따라서 천천히 바르게 쓰세요.

연습 5 미음 쓰기 : 연필로 ㅁ자 점선을 따라서 천천히 바르게 쓰세요.

실전쓰기 6 미음 쓰기 : 공백 안에 연필로 자음 ㅁ자를 일정한 크기로 천천히 똑바로 직접 써 보세요.

🐝 바른 글자를 위해 기본 자음 비읍[ㅂ]자 쓰기연습

6

✖ 세로선을 두 번 긋고, 가로선을 두 번 그으며 연필로 천천히 써 보세요.

연습 1　**비읍 쓰기** : 연필로 ㅂ자 선을 따라서 천천히 바르게 쓰세요.

연습 2　**비읍 쓰기** : 연필로 ㅂ자 점선을 따라서 천천히 바르게 쓰세요.

실전쓰기 3　**비읍 쓰기** : 공백 안에 연필로 자음 ㅂ자를 일정한 크기로 천천히 똑바로 직접 써 보세요.

연습 4　**비읍 쓰기** : 연필로 ㅂ자 선을 따라서 천천히 바르게 쓰세요.

연습 5　**비읍 쓰기** : 연필로 ㅂ자 점선을 따라서 천천히 바르게 쓰세요.

실전쓰기 6　**비읍 쓰기** : 공백 안에 연필로 자음 ㅂ자를 일정한 크기로 천천히 똑바로 직접 써 보세요.

🐝 바른 글자를 위해 기본 자음 시옷[ㅅ]자 쓰기연습

7

✖ 좌측과 우측 선을 대각선으로 어긋나게 긋듯이 연필로 천천히 써 보세요.

 **연습 1**　**시옷 쓰기** : 연필로 ㅅ자 선을 따라서 천천히 바르게 쓰세요.

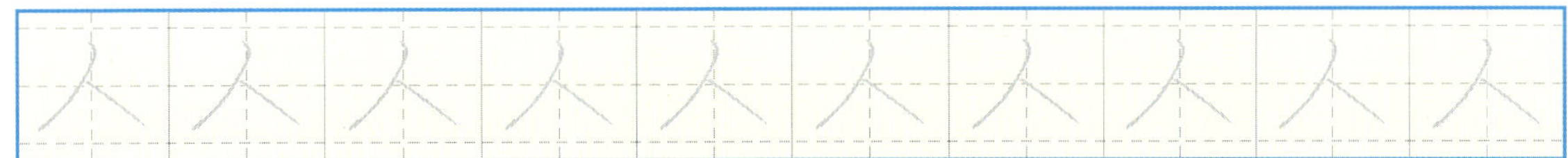

연습 2　**시옷 쓰기** : 연필로 ㅅ자 점선을 따라서 천천히 바르게 쓰세요.

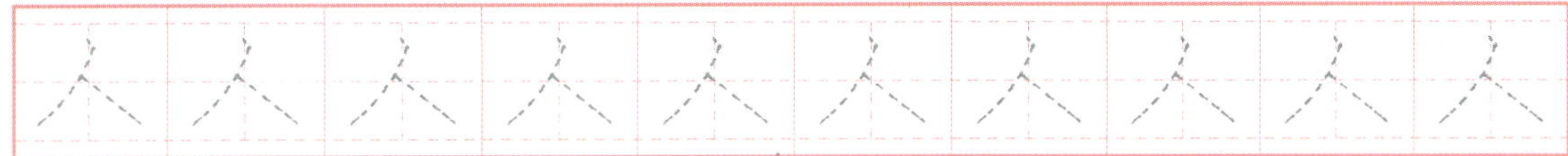

실전쓰기 3　**시옷 쓰기** : 공백 안에 연필로 자음 ㅅ자를 일정한 크기로 천천히 똑바로 직접 써 보세요.

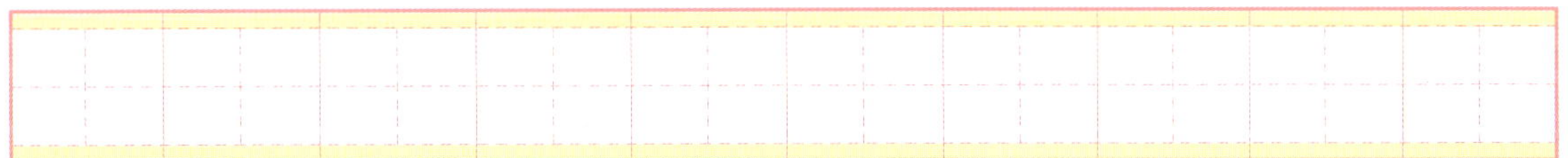

연습 4　**시옷 쓰기** : 연필로 ㅅ자 선을 따라서 천천히 바르게 쓰세요.

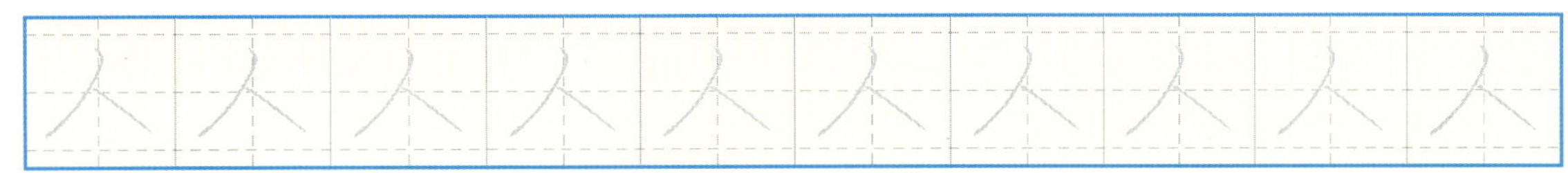

연습 5　**시옷 쓰기** : 연필로 ㅅ자 점선을 따라서 천천히 바르게 쓰세요.

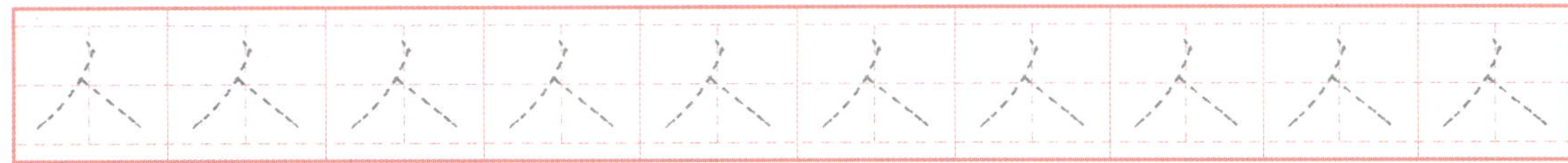

실전쓰기 6　**시옷 쓰기** : 공백 안에 연필로 자음 ㅅ자를 일정한 크기로 천천히 똑바로 직접 써 보세요.

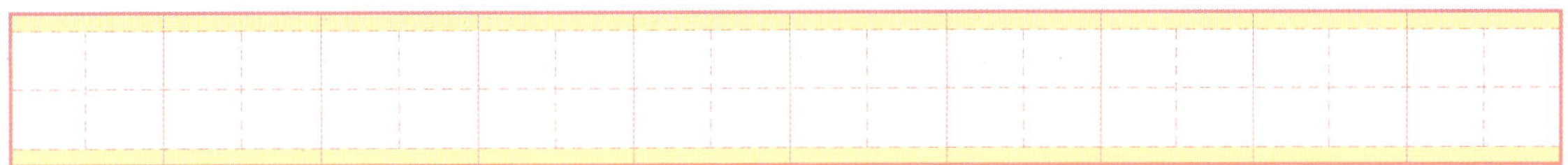

바른 글자를 위해 기본 자음 이응[ㅇ]자 쓰기연습

8

✖ 아래 [이응]자 선을 따라 원을 그리듯이 연필로 천천히 써 보세요.

연습 1 　이응 쓰기 : 연필로 ㅇ자 선을 따라서 천천히 바르게 쓰세요.

연습 2 　이응 쓰기 : 연필로 ㅇ자 점선을 따라서 천천히 바르게 쓰세요.

실전쓰기 3 　이응 쓰기 : 공백 안에 연필로 자음 ㅇ자를 일정한 크기로 천천히 똑바로 직접 써 보세요.

연습 4 　이응 쓰기 : 연필로 ㅇ자 선을 따라서 천천히 바르게 쓰세요.

연습 5 　이응 쓰기 : 연필로 ㅇ자 점선을 따라서 천천히 바르게 쓰세요.

실전쓰기 6 　이응 쓰기 : 공백 안에 연필로 자음 ㅇ자를 일정한 크기로 천천히 똑바로 직접 써 보세요.

 **바른 글자를 위해 기본 자음 지읒[ㅈ]자 쓰기연습**

9

✖ [가]자를 쓰듯이 ㄱ자를 쓰고 나서 삐치어 그으며 연필로 천천히 써 보세요.

 **연습 1** 　지읒 쓰기 : 연필로 ㅈ자 선을 따라서 천천히 바르게 쓰세요.

연습 2 　지읒 쓰기 : 연필로 ㅈ자 점선을 따라서 천천히 바르게 쓰세요.

실전쓰기 3 　지읒 쓰기 : 공백 안에 연필로 자음 ㅈ자를 일정한 크기로 천천히 똑바로 직접 써 보세요.

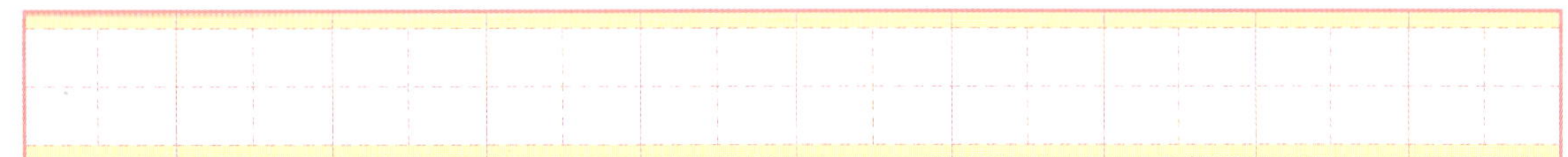

연습 4 　지읒 쓰기 : 연필로 ㅈ자 선을 따라서 천천히 바르게 쓰세요.

연습 5 　지읒 쓰기 : 연필로 ㅈ자 점선을 따라서 천천히 바르게 쓰세요.

실전쓰기 6 　지읒 쓰기 : 공백 안에 연필로 자음 ㅈ자를 일정한 크기로 천천히 똑바로 직접 써 보세요.

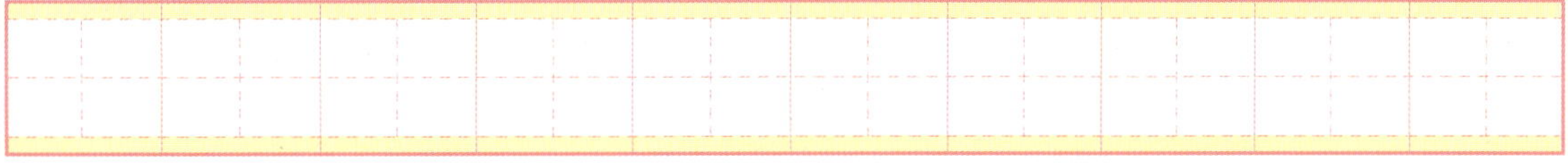

바른 글자를 위해 기본 자음 치읓[ㅊ]자 쓰기연습 **10**

✖ 짧게 수평선을 긋고 ㄱ자를 쓰고 나서 삐치어 그으며 연필로 천천히 써 보세요.

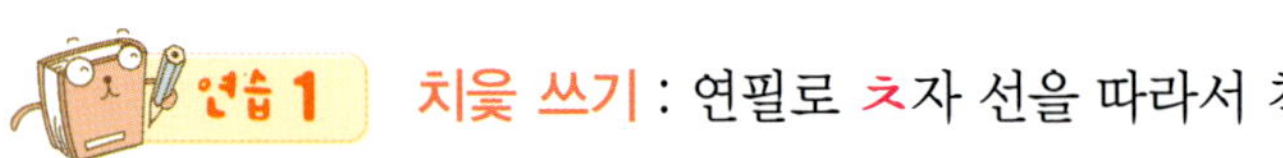

연습 1 치읓 쓰기 : 연필로 ㅊ자 선을 따라서 천천히 바르게 쓰세요.

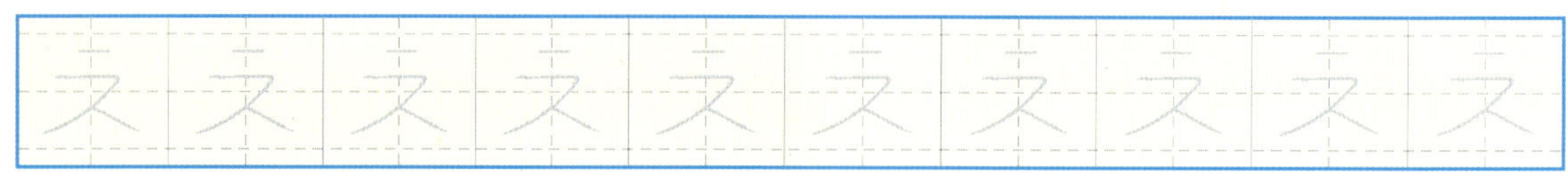

연습 2 치읓 쓰기 : 연필로 ㅊ자 점선을 따라서 천천히 바르게 쓰세요.

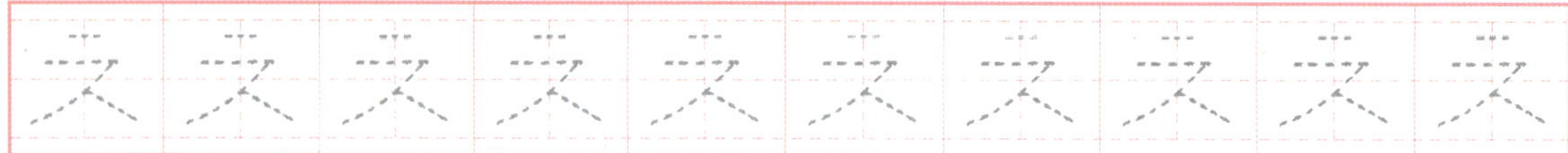

실전쓰기 3 치읓 쓰기 : 공백 안에 연필로 자음 ㅊ자를 일정한 크기로 천천히 똑바로 직접 써 보세요.

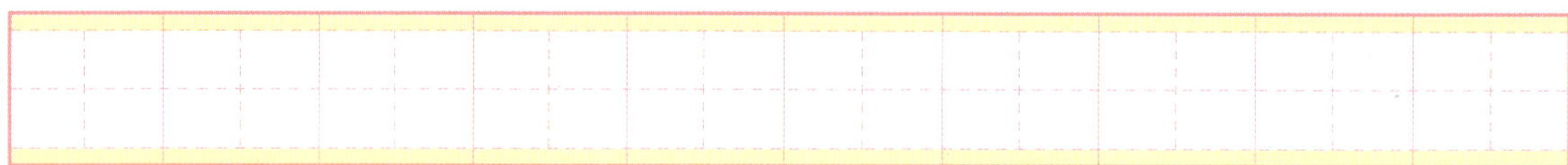

연습 4 치읓 쓰기 : 연필로 ㅊ자 선을 따라서 천천히 바르게 쓰세요.

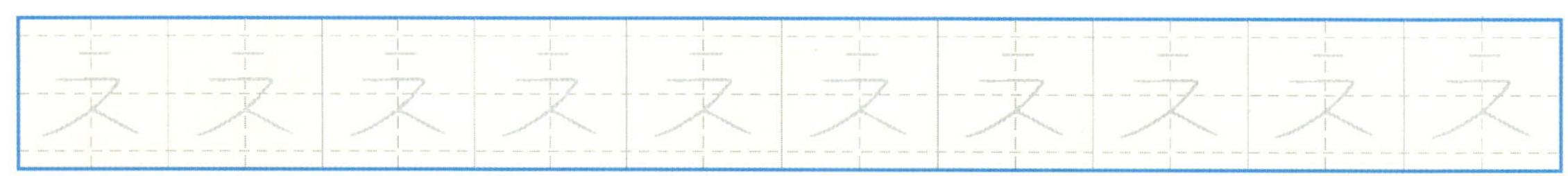

연습 5 치읓 쓰기 : 연필로 ㅊ자 점선을 따라서 천천히 바르게 쓰세요.

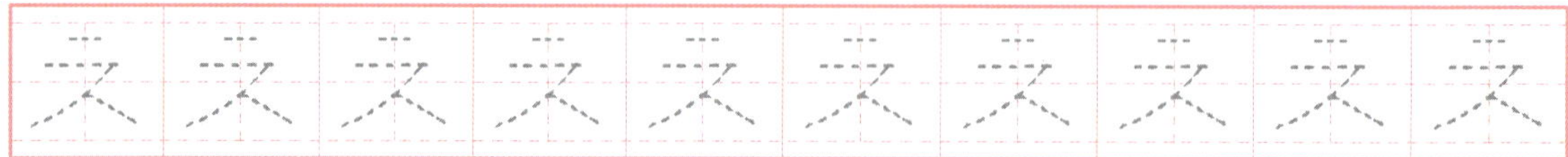

실전쓰기 6 치읓 쓰기 : 공백 안에 연필로 자음 ㅊ자를 일정한 크기로 천천히 똑바로 직접 써 보세요.

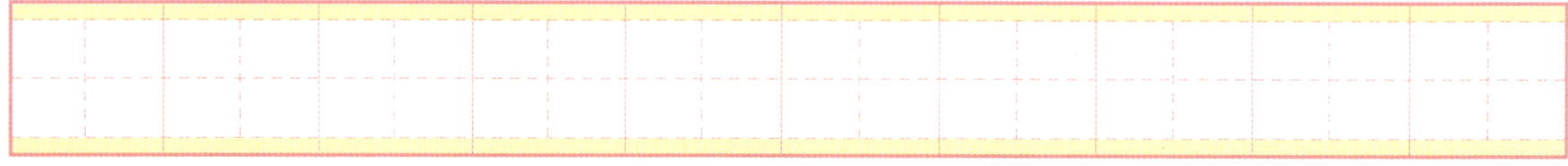

🐝 바른 글자를 위해 기본 자음 키읔[ㅋ]자 쓰기연습

11

✖ ㄱ자를 쓰고 나서 가로획을 수평으로 그으며 연필로 천천히 써 보세요.

연습 1　키읔 쓰기 : 연필로 ㅋ자 선을 따라서 천천히 바르게 쓰세요.

연습 2　키읔 쓰기 : 연필로 ㅋ자 점선을 따라서 천천히 바르게 쓰세요.

실전쓰기 3　키읔 쓰기 : 공백 안에 연필로 자음 ㅋ자를 일정한 크기로 천천히 똑바로 직접 써 보세요.

연습 4　키읔 쓰기 : 연필로 ㅋ자 선을 따라서 천천히 바르게 쓰세요.

연습 5　키읔 쓰기 : 연필로 ㅋ자 점선을 따라서 천천히 바르게 쓰세요.

실전쓰기 6　키읔 쓰기 : 공백 안에 연필로 자음 ㅋ자를 일정한 크기로 천천히 똑바로 직접 써 보세요.

✖ 가로선을 수평으로 두 번 긋고나서 ㄴ자로 이으며 연필로 천천히 써 보세요.

연습 1 티읕 쓰기 : 연필로 ㅌ자 선을 따라서 천천히 바르게 쓰세요.

연습 2 티읕 쓰기 : 연필로 ㅌ자 점선을 따라서 천천히 바르게 쓰세요.

실전쓰기 3 티읕 쓰기 : 공백 안에 연필로 자음 ㅌ자를 일정한 크기로 천천히 똑바로 직접 써 보세요.

연습 4 티읕 쓰기 : 연필로 ㅌ자 선을 따라서 천천히 바르게 쓰세요.

연습 5 티읕 쓰기 : 연필로 ㅌ자 점선을 따라서 천천히 바르게 쓰세요.

실전쓰기 6 티읕 쓰기 : 공백 안에 연필로 자음 ㅌ자를 일정한 크기로 천천히 똑바로 직접 써 보세요.

바른 글자를 위해 기본 자음 피읖[ㅍ]자 쓰기연습

13

✖ 가로선을 긋고 세로선 두 번과 가로선을 그으며 연필로 천천히 써 보세요.

 **연습 1**   피읖 쓰기 : 연필로 ㅍ자 선을 따라서 천천히 바르게 쓰세요.

연습 2   피읖 쓰기 : 연필로 ㅍ자 점선을 따라서 천천히 바르게 쓰세요.

실전쓰기 3   피읖 쓰기 : 공백 안에 연필로 자음 ㅍ자를 일정한 크기로 천천히 똑바로 직접 써 보세요.

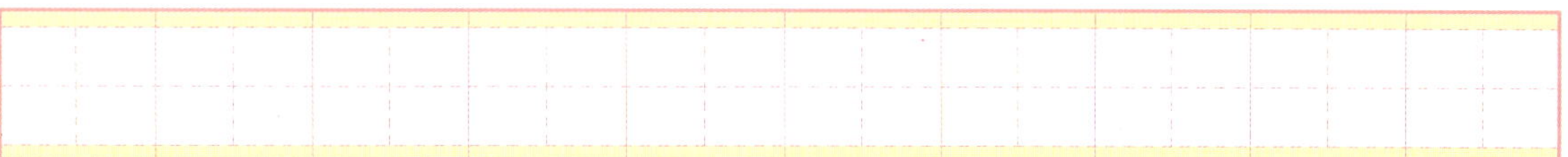

연습 4   피읖 쓰기 : 연필로 ㅍ자 선을 따라서 천천히 바르게 쓰세요.

연습 5   피읖 쓰기 : 연필로 ㅍ자 점선을 따라서 천천히 바르게 쓰세요.

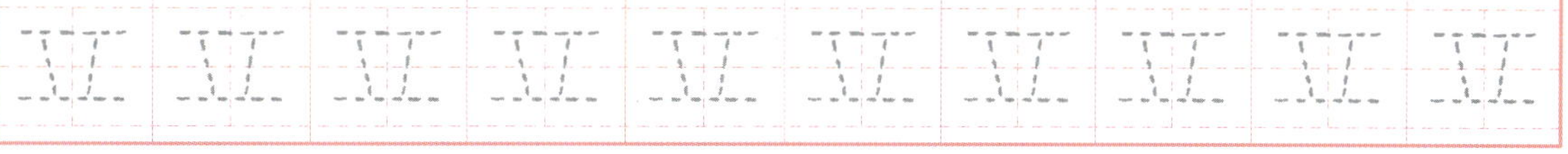

실전쓰기 6   피읖 쓰기 : 공백 안에 연필로 자음 ㅍ자를 일정한 크기로 천천히 똑바로 직접 써 보세요.

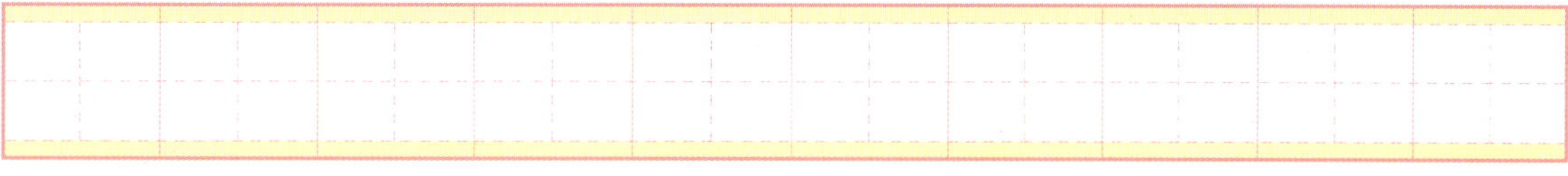

 바른 글자를 위해 기본 자음 히읗[ㅎ]자 쓰기연습

✖ 가로선 두 번 긋고 나서 ㅇ자를 그리며 연필로 천천히 써 보세요.

연습 1 히읗 쓰기 : 연필로 ㅎ자 선을 따라서 천천히 바르게 쓰세요.

연습 2 히읗 쓰기 : 연필로 ㅎ자 점선을 따라서 천천히 바르게 쓰세요.

실전쓰기 3 히읗 쓰기 : 공백 안에 연필로 자음 ㅎ자를 일정한 크기로 천천히 똑바로 직접 써 보세요.

연습 4 히읗 쓰기 : 연필로 ㅎ자 선을 따라서 천천히 바르게 쓰세요.

연습 5 히읗 쓰기 : 연필로 ㅎ자 점선을 따라서 천천히 바르게 쓰세요.

실전쓰기 6 히읗 쓰기 : 공백 안에 연필로 자음 ㅎ자를 일정한 크기로 천천히 똑바로 직접 써 보세요.

한글의 자음과 모음 기억하기

🍎 **[모음쓰기 획순알기]**

❖ 한글 모음은 기본 열자로 되어 있으며 그 순서와 이름은 다음과 같다.

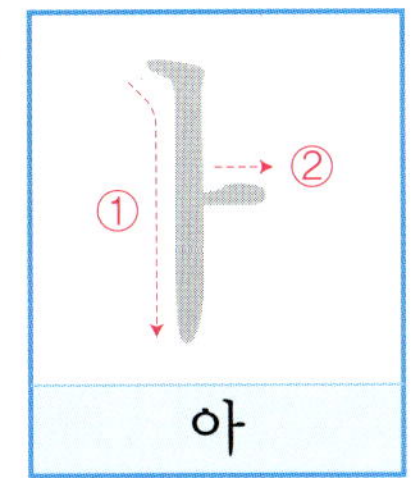
아

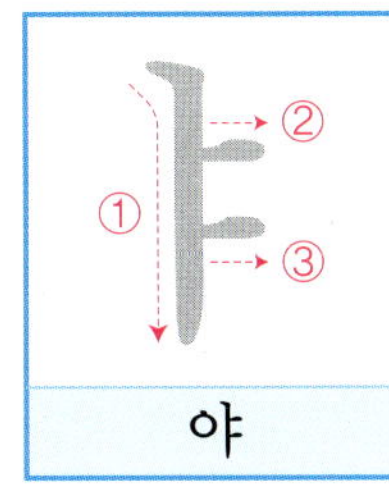
야

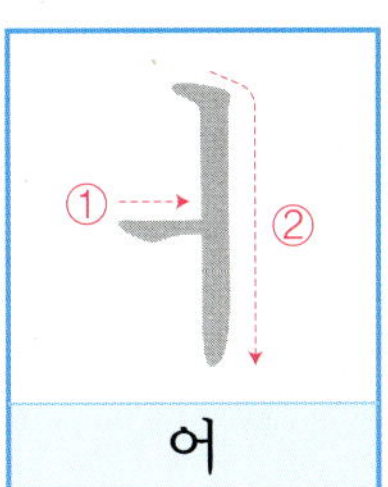
어

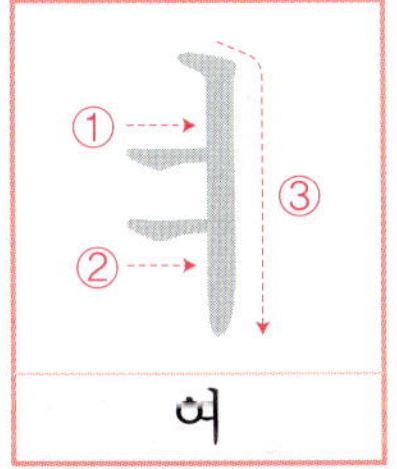
어

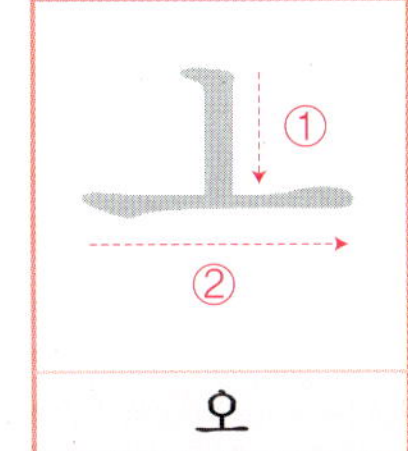
오

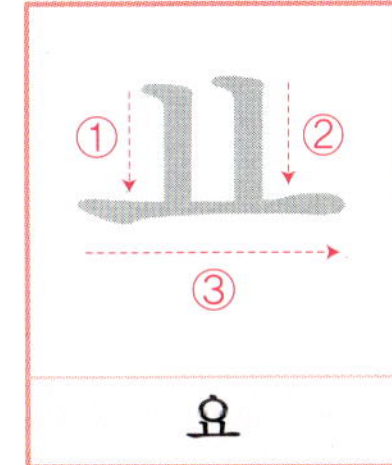
요

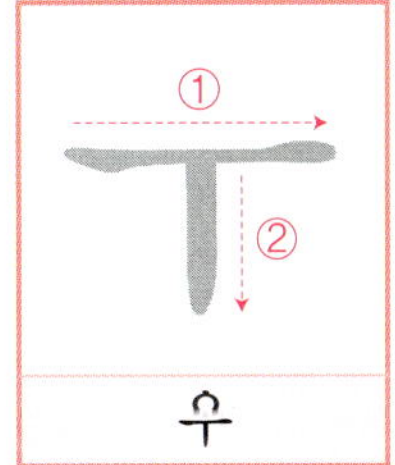
우

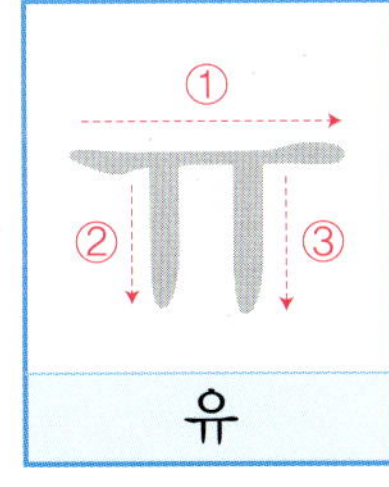
유

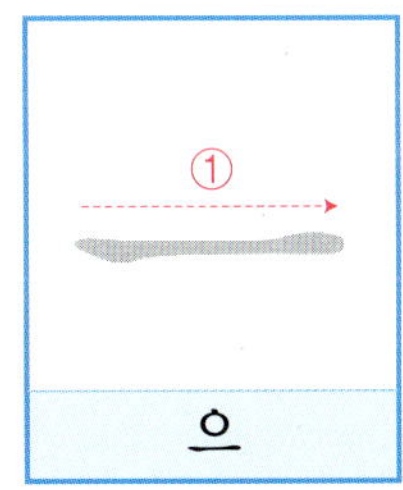
으

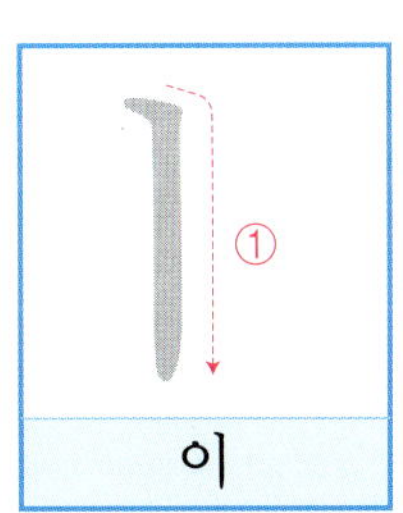
이

[자·모음 이름 기억하기]

❖ 다음은 자·모음으로써 적을 수 없는 두 개 이상의 자모를 어울러서 적되, 그 순서와 이름은 아래와 같이 적는다.

ㄲ[쌍기역]	ㄸ[쌍디귿]	ㅃ[쌍비읍]	ㅆ[쌍시옷]	ㅉ[쌍지읒]
ㅐ[애]	ㅒ[얘]	ㅔ[에]	ㅖ[예]	ㅘ[와] ㅙ[왜]
ㅚ[외]	ㅝ[워]	ㅞ[웨]	ㅟ[위]	ㅢ[의]

❋ 세로선 내려 긋고 나서 가로선을 짧게 그으며 연필로 천천히 써 보세요.

연습 1 아 쓰기 : 연필로 ㅏ자 선을 따라서 천천히 바르게 쓰세요.

연습 2 아 쓰기 : 연필로 ㅏ자 점선을 따라서 천천히 바르게 쓰세요.

실전쓰기 3 아 쓰기 : 공백 안에 연필로 모음 ㅏ자를 일정한 크기로 천천히 똑바로 직접 써 보세요.

연습 4 아 쓰기 : 연필로 ㅏ자 선을 따라서 천천히 바르게 쓰세요.

연습 5 아 쓰기 : 연필로 ㅏ자 점선을 따라서 천천히 바르게 쓰세요.

실전쓰기 6 아 쓰기 : 공백 안에 연필로 모음 ㅏ자를 일정한 크기로 천천히 똑바로 직접 써 보세요.

🐾 바른 글자를 위해 기본 모음 야[ㅑ]자 쓰기연습

❌ 세로선 긋고 나서 가로선 두 개를 짧게 그으며 연필로 천천히 써 보세요.

2

연습 1   야 쓰기 : 연필로 ㅑ자 선을 따라서 천천히 바르게 쓰세요.

연습 2   야 쓰기 : 연필로 ㅑ자 점선을 따라서 천천히 바르게 쓰세요.

실전쓰기 3   야 쓰기 : 공백 안에 연필로 모음 ㅑ자를 일정한 크기로 천천히 똑바로 직접 써 보세요.

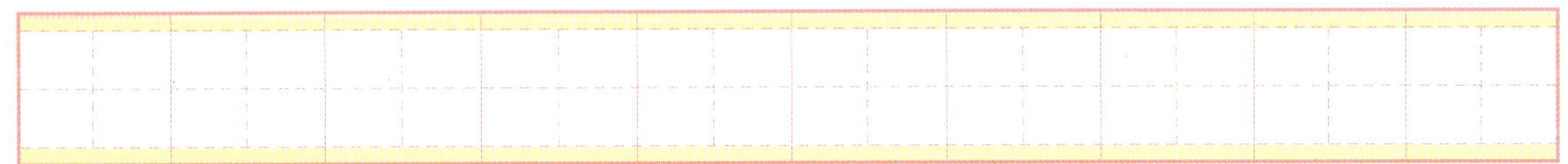

연습 4   야 쓰기 : 연필로 ㅑ자 선을 따라서 천천히 바르게 쓰세요.

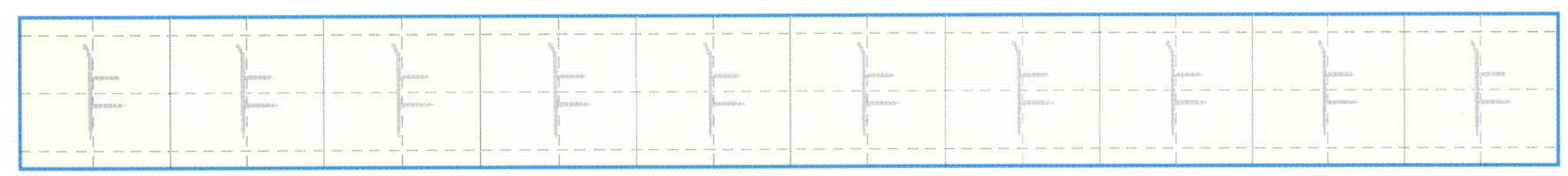

연습 5   야 쓰기 : 연필로 ㅑ자 점선을 따라서 천천히 바르게 쓰세요.

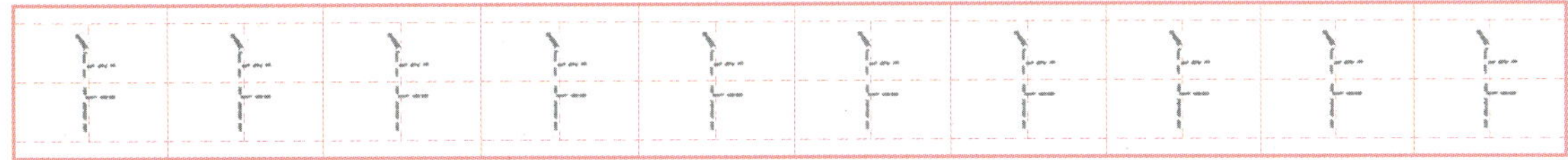

실전쓰기 6   야 쓰기 : 공백 안에 연필로 모음 ㅑ자를 일정한 크기로 천천히 똑바로 직접 써 보세요.

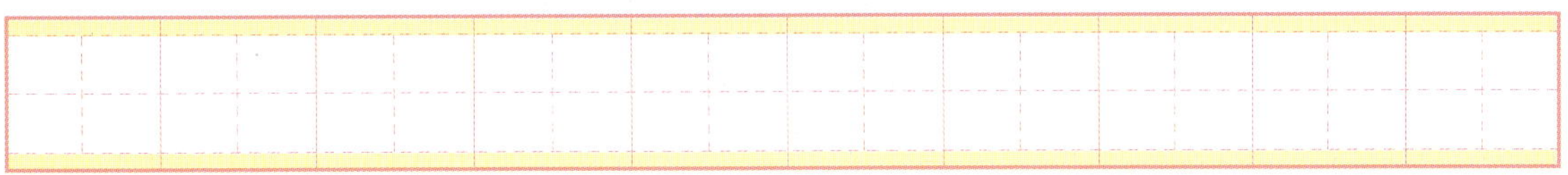

3

🐝 바른 글자를 위해 기본 모음 어[ㅓ]자 쓰기연습

❌ 가로선을 짧게 긋고 나서 세로선을 그으며 연필로 천천히 써 보세요.

연습 1 어 쓰기 : 연필로 ㅓ자 선을 따라서 천천히 바르게 쓰세요.

연습 2 어 쓰기 : 연필로 ㅓ자 점선을 따라서 천천히 바르게 쓰세요.

실전쓰기 3 어 쓰기 : 공백 안에 연필로 모음 ㅓ자를 일정한 크기로 천천히 똑바로 직접 써 보세요.

연습 4 어 쓰기 : 연필로 ㅓ자 선을 따라서 천천히 바르게 쓰세요.

연습 5 어 쓰기 : 연필로 ㅓ자 점선을 따라서 천천히 바르게 쓰세요.

실전쓰기 6 어 쓰기 : 공백 안에 연필로 모음 ㅓ자를 일정한 크기로 천천히 똑바로 직접 써 보세요.

 바른 글자를 위해 기본 모음 여[ㅕ]자 쓰기연습  **4**

✖ 가로선을 짧게 두 번 긋고 나서 세로선을 그으며 연필로 천천히 써 보세요.

 **연습 1**   여 쓰기 : 연필로 ㅕ자 선을 따라서 천천히 바르게 쓰세요.

연습 2   여 쓰기 : 연필로 ㅕ자 점선을 따라서 천천히 바르게 쓰세요.

실전쓰기 3   여 쓰기 : 공백 안에 연필로 모음 ㅕ자를 일정한 크기로 천천히 똑바로 직접 써 보세요.

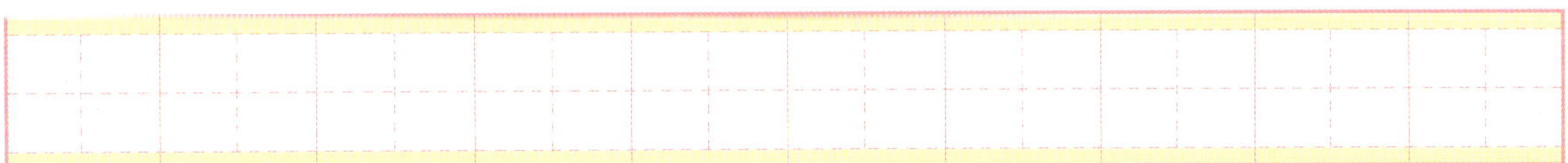

연습 4   여 쓰기 : 연필로 ㅕ자 선을 따라서 천천히 바르게 쓰세요.

연습 5   여 쓰기 : 연필로 ㅕ자 점선을 따라서 천천히 바르게 쓰세요.

실전쓰기 6   여 쓰기 : 공백 안에 연필로 모음 ㅕ자를 일정한 크기로 천천히 똑바로 직접 써 보세요.

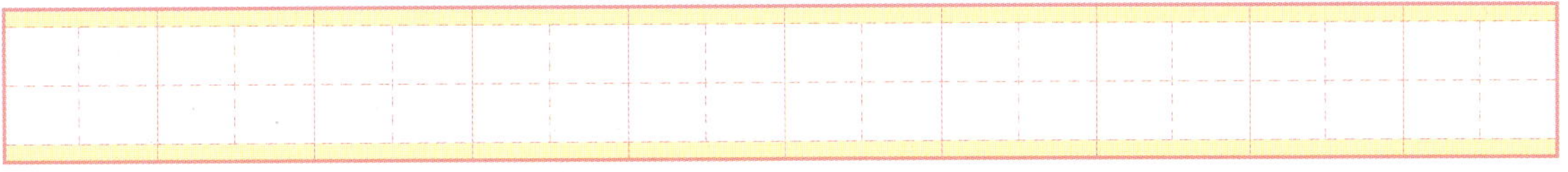

🐝 바른 글자를 위해 기본 모음 오[ㅗ]자 쓰기연습

❌ 세로선을 수직으로 긋고 나서 가로선을 그으며 연필로 천천히 써 보세요.

연습 1   오 쓰기 : 연필로 ㅗ자 선을 따라서 천천히 바르게 쓰세요.

연습 2   오 쓰기 : 연필로 ㅗ자 점선을 따라서 천천히 바르게 쓰세요.

실전쓰기 3   오 쓰기 : 공백 안에 연필로 모음 ㅗ자를 일정한 크기로 천천히 똑바로 직접 써 보세요.

연습 4   오 쓰기 : 연필로 ㅗ자 선을 따라서 천천히 바르게 쓰세요.

연습 5   오 쓰기 : 연필로 ㅗ자 점선을 따라서 천천히 바르게 쓰세요.

실전쓰기 6   오 쓰기 : 공백 안에 연필로 모음 ㅗ자를 일정한 크기로 천천히 똑바로 직접 써 보세요.

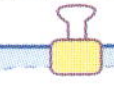 바른 글자를 위해 기본 모음 요[ㅛ]자 쓰기연습 

6

✖ 세로선을 두 번 긋고 나서 가로선을 그으며 연필로 천천히 써 보세요.

연습 1 요 쓰기 : 연필로 ㅛ자 선을 따라서 천천히 바르게 쓰세요.

연습 2 요 쓰기 : 연필로 ㅛ자 점선을 따라서 천천히 바르게 쓰세요.

실전쓰기 3 요 쓰기 : 공백 안에 연필로 모음 ㅛ자를 일정한 크기로 천천히 똑바로 직접 써 보세요.

연습 4 요 쓰기 : 연필로 ㅛ자 선을 따라서 천천히 바르게 쓰세요.

연습 5 요 쓰기 : 연필로 ㅛ자 점선을 따라서 천천히 바르게 쓰세요.

실전쓰기 6 요 쓰기 : 공백 안에 연필로 모음 ㅛ자를 일정한 크기로 천천히 똑바로 직접 써 보세요.

7

❈ 가로선을 수평으로 긋고 나서 세로선을 그으며 연필로 천천히 써 보세요.

연습 1　우 쓰기 : 연필로 ㅜ자 선을 따라서 천천히 바르게 쓰세요.

연습 2　우 쓰기 : 연필로 ㅜ자 점선을 따라서 천천히 바르게 쓰세요.

실전쓰기 3　우 쓰기 : 공백 안에 연필로 모음 ㅜ자를 일정한 크기로 천천히 똑바로 직접 써 보세요.

연습 4　우 쓰기 : 연필로 ㅜ자 선을 따라서 천천히 바르게 쓰세요.

연습 5　우 쓰기 : 연필로 ㅜ자 점선을 따라서 천천히 바르게 쓰세요.

실전쓰기 6　우 쓰기 : 공백 안에 연필로 모음 ㅜ자를 일정한 크기로 천천히 똑바로 직접 써 보세요.

🐝 바른 글자를 위해 기본 모음 유[ㅠ]자 쓰기연습

8

✖ 가로선을 긋고 나서 세로선 두 개를 그으며 연필로 천천히 써 보세요.

 **연습 1** 유 쓰기 : 연필로 ㅠ자 선을 따라서 천천히 바르게 쓰세요.

 **연습 2** 유 쓰기 : 연필로 ㅠ자 점선을 따라서 천천히 바르게 쓰세요.

실전쓰기 3 유 쓰기 : 공백 안에 연필로 모음 ㅠ자를 일정한 크기로 천천히 똑바로 직접 써 보세요.

연습 4 유 쓰기 : 연필로 ㅠ자 선을 따라서 천천히 바르게 쓰세요.

연습 5 유 쓰기 : 연필로 ㅠ자 점선을 따라서 천천히 바르게 쓰세요.

실전쓰기 6 유 쓰기 : 공백 안에 연필로 모음 ㅠ자를 일정한 크기로 천천히 똑바로 직접 써 보세요.

🐝 바른 글자를 위해 기본 모음 으[—]자 쓰기연습

❌ 가로선을 수평으로 일정하게 그으며 연필로 천천히 써 보세요.

연습 1 **으 쓰기** : 연필로 —자 선을 따라서 천천히 바르게 쓰세요.

연습 2 **으 쓰기** : 연필로 —자 점선을 따라서 천천히 바르게 쓰세요.

실전쓰기 3 **으 쓰기** : 공백 안에 연필로 모음 —자를 일정한 크기로 천천히 똑바로 직접 써 보세요.

연습 4 **으 쓰기** : 연필로 —자 선을 따라서 천천히 바르게 쓰세요.

연습 5 **으 쓰기** : 연필로 —자 점선을 따라서 천천히 바르게 쓰세요.

실전쓰기 6 **으 쓰기** : 공백 안에 연필로 모음 —자를 일정한 크기로 천천히 똑바로 직접 써 보세요.

 바른 글자를 위해 기본 모음 이[ㅣ]자 쓰기연습 10

✖ 세로선을 수직으로 일정하게 내려 그으며 연필로 천천히 써 보세요.

연습 1　이 쓰기 : 연필로 ㅣ자 선을 따라서 천천히 바르게 쓰세요.

연습 2　이 쓰기 : 연필로 ㅣ자 점선을 따라서 천천히 바르게 쓰세요.

실전쓰기 3　이 쓰기 : 공백 안에 연필로 모음 ㅣ자를 일정한 크기로 천천히 똑바로 직접 써 보세요.

연습 4　이 쓰기 : 연필로 ㅣ자 선을 따라서 천천히 바르게 쓰세요.

연습 5　이 쓰기 : 연필로 ㅣ자 점선을 따라서 천천히 바르게 쓰세요.

실전쓰기 6　이 쓰기 : 공백 안에 연필로 모음 ㅣ자를 일정한 크기로 천천히 똑바로 직접 써 보세요.

모음 자음	ㅏ (아)	ㅑ (야)	ㅓ (어)	ㅕ (여)	ㅗ (오)	ㅛ (요)	ㅜ (우)	ㅠ (유)	ㅡ (으)	ㅣ (이)
ㄱ (기역)	가	갸	거	겨	고	교	구	규	그	기
ㄴ (니은)	나	냐	너	녀	노	뇨	누	뉴	느	니
ㄷ (디귿)	다	댜	더	뎌	도	됴	두	듀	드	디
ㄹ (리을)	라	랴	러	려	로	료	루	류	르	리
ㅁ (미음)	마	먀	머	며	모	묘	무	뮤	므	미
ㅂ (비읍)	바	뱌	버	벼	보	뵤	부	뷰	브	비
ㅅ (시옷)	사	샤	서	셔	소	쇼	수	슈	스	시
ㅇ (이응)	아	야	어	여	오	요	우	유	으	이
ㅈ (지읒)	자	쟈	저	져	조	죠	주	쥬	즈	지
ㅊ (치읓)	차	챠	처	쳐	초	쵸	추	츄	츠	치
ㅋ (키읔)	카	캬	커	켜	코	쿄	쿠	큐	크	키
ㅌ (티읕)	타	탸	터	텨	토	툐	투	튜	트	티
ㅍ (피읖)	파	퍄	퍼	펴	포	표	푸	퓨	프	피
ㅎ (히읗)	하	햐	허	혀	호	효	후	휴	흐	히

ㄱ~ㅅ 첫 자음과 모음을 합하여 낱말 만들어 쓰기

아래 낱말 칸에 있는 글자의 점선을 따라 연필로 써 보세요.

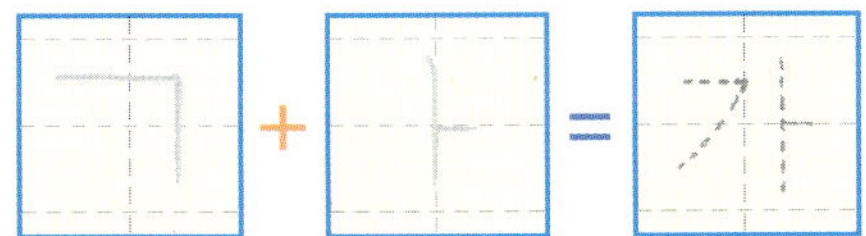

(기역)

(니은)

(디귿)

(리을)

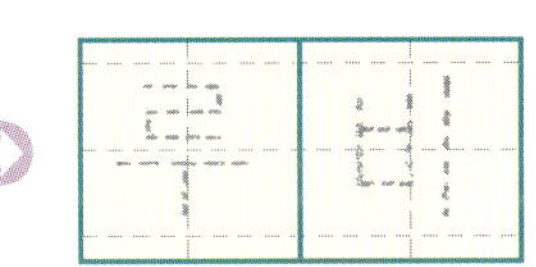

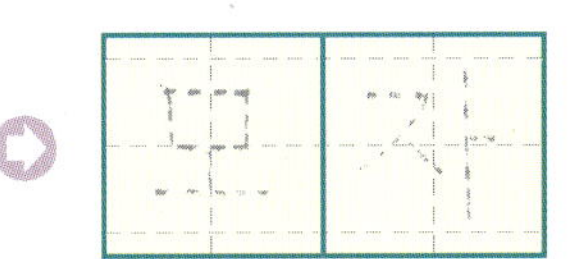

(미음)

(비읍)

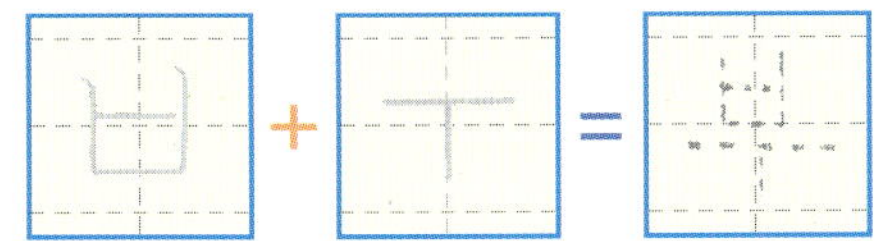
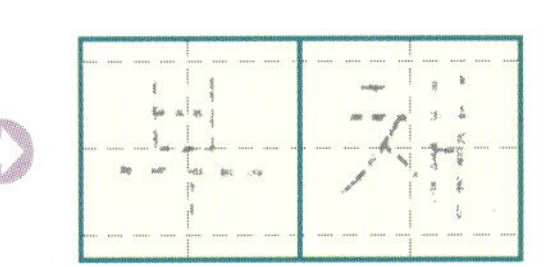

(시옷)

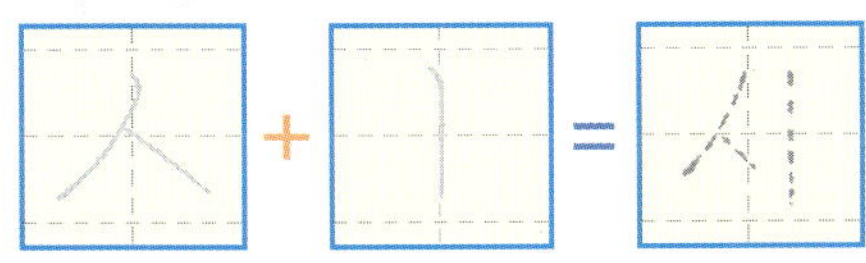
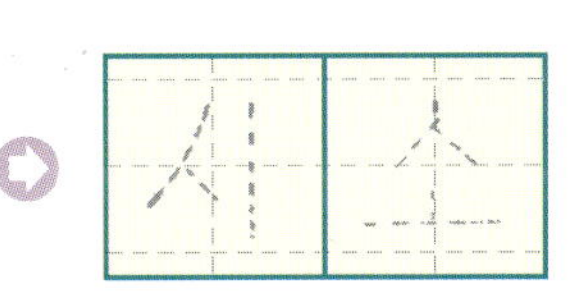

ㅇ~ㅎ 첫 자음과 모음을 합하여 낱말 만들어 쓰기

✖ 아래 낱말 칸에 있는 글자의 점선을 따라 연필로 써 보세요.

(이응)
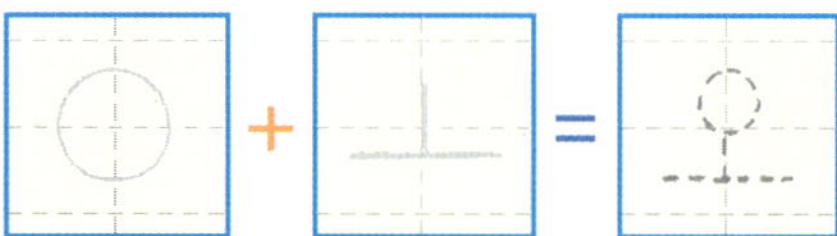

(지읒)
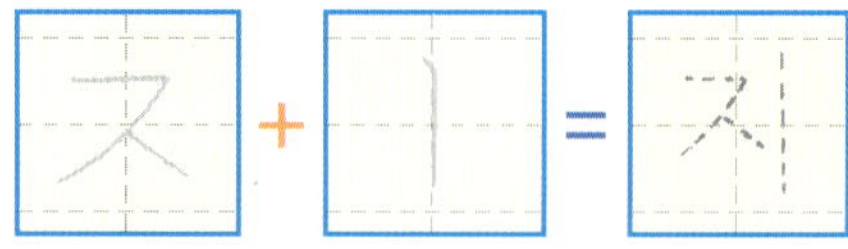

(치읓)
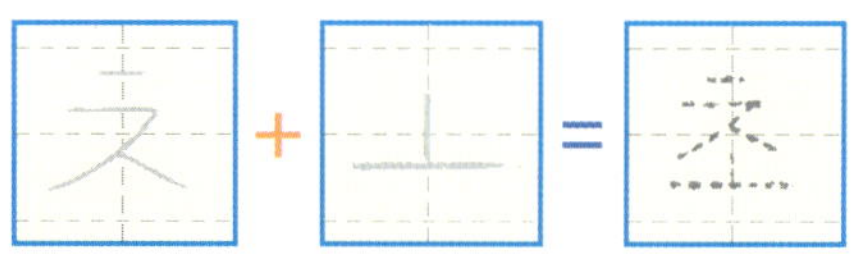

(키읔)

(티읕)

(피읖)
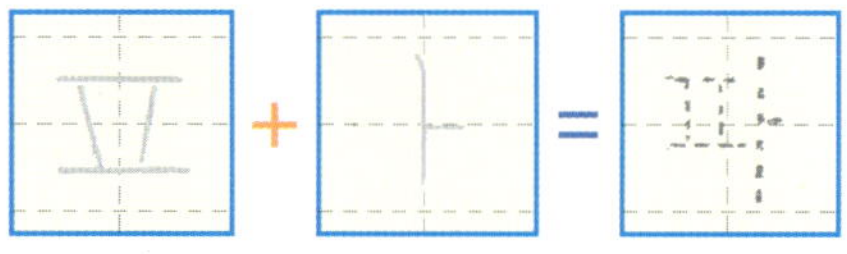

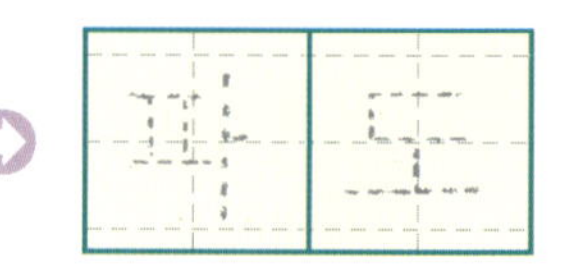

(히읗)
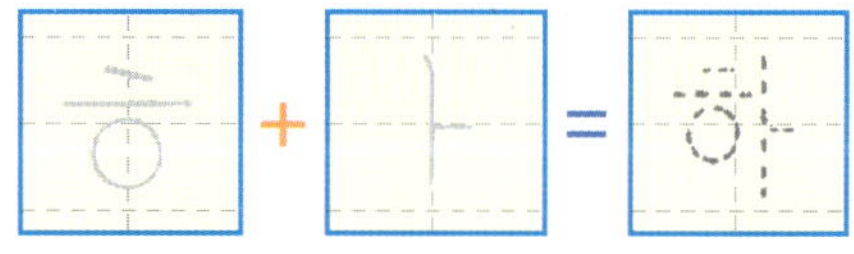

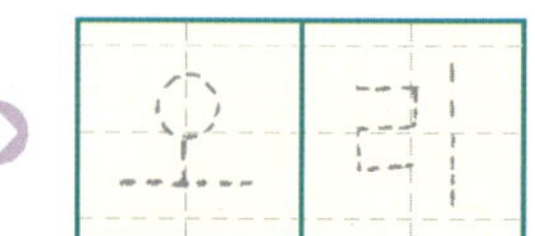

🐝 한글 [가]자를 바르게 쓰기연습

①

✖ 자음 ㄱ과 모음 ㅏ가 합쳐서 된 글자 **가**를 연필로 바르게 써 보세요.

연습 1 가 쓰기 : 연필로 **가** 선 위를 따라서 천천히 똑바로 써 보세요.

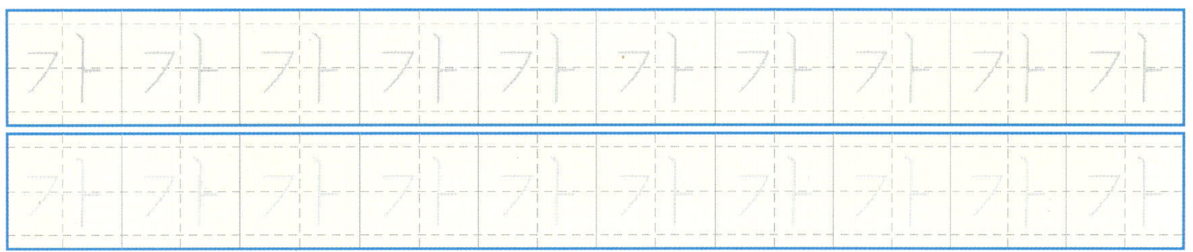

연습 2 가 쓰기 : 연필로 **가** 점선 위를 따라서 천천히 바르게 써 보세요.

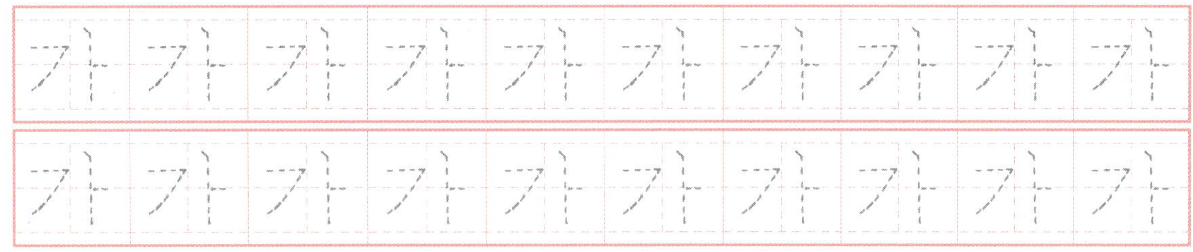

연습 3 가 쓰기 : 연필로 글자 위를 따라 **가**를 쓰고 나서 아래 공백 안에 연필로 다시 **가**를 일정한 크기와 간격을 맞추어 똑바로 써 보세요.

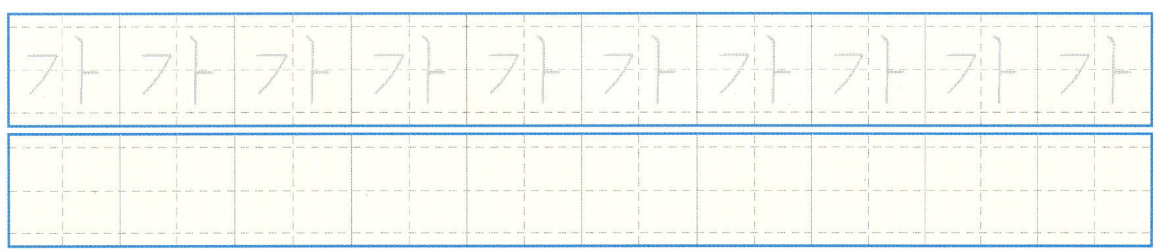

연습 4 가 쓰기 : 연필로 글자 위를 따라 **가**를 쓰고 나서 아래 공백 안에 연필로 다시 **가**를 일정한 크기와 간격을 맞추어 똑바로 써 보세요.

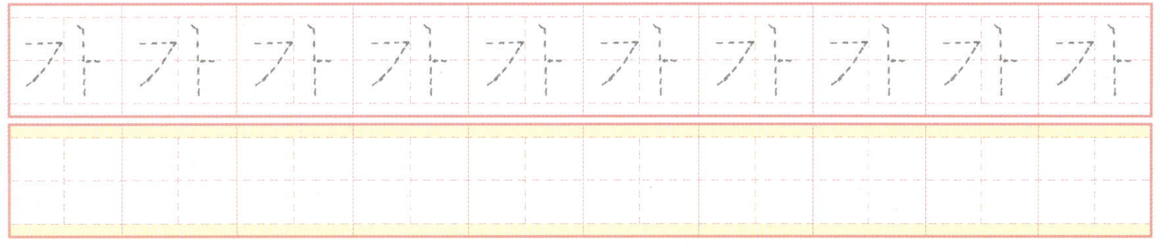

🐝 한글 [나]자를 바르게 쓰기연습

✖ 자음 ㄴ과 모음 ㅏ가 합쳐서 된 글자 나를 연필로 바르게 써 보세요.

연습 1 나 쓰기 : 연필로 나 선 위를 따라서 천천히 똑바로 써 보세요.

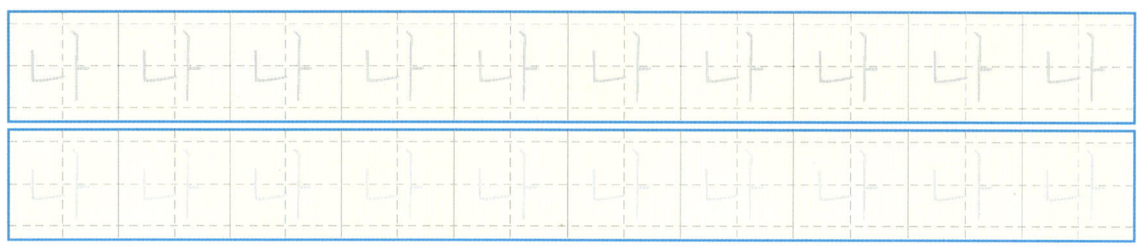

연습 2 나 쓰기 : 연필로 나 점선 위를 따라서 천천히 바르게 써 보세요.

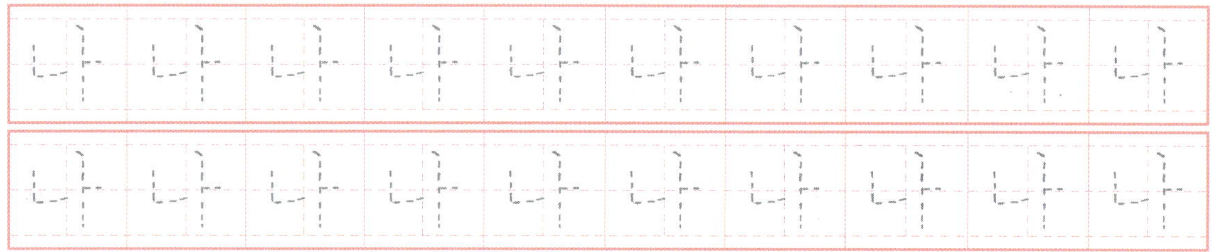

연습 3 나 쓰기 : 연필로 글자 위를 따라 나를 쓰고 나서 아래 공백 안에 연필로 다시 나를 일정한 크기와 간격을 맞추어 똑바로 써 보세요.

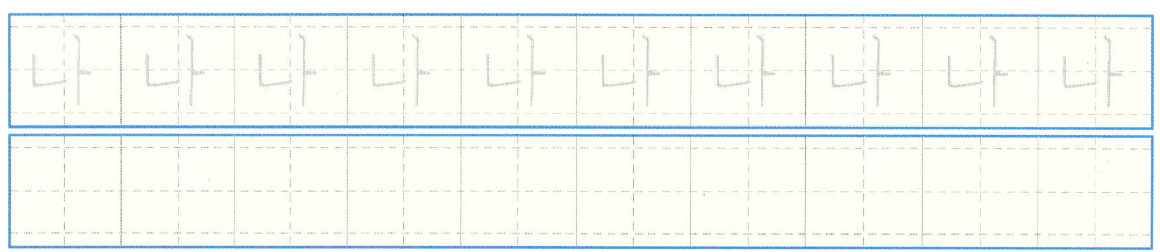

연습 4 나 쓰기 : 연필로 글자 위를 따라 나를 쓰고 나서 아래 공백 안에 연필로 다시 나를 일정한 크기와 간격을 맞추어 똑바로 써 보세요.

🐝 한글 [다]자를 바르게 쓰기연습

3

✖ 자음 ㄷ과 모음 ㅏ가 합쳐서 된 글자 다를 연필로 바르게 써 보세요.

 **연습1** 다 쓰기 : 연필로 다 선 위를 따라서 천천히 똑바로 써 보세요.

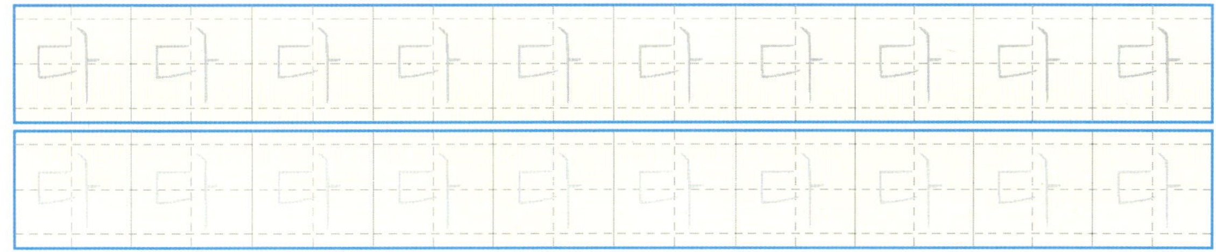

연습2 다 쓰기 : 연필로 다 점선 위를 따라서 천천히 바르게 써 보세요.

연습3 다 쓰기 : 연필로 글자 위를 따라 다를 쓰고 나서 아래 공백 안에 연필로 다시 다를 일정한 크기와 간격을 맞추어 똑바로 써 보세요.

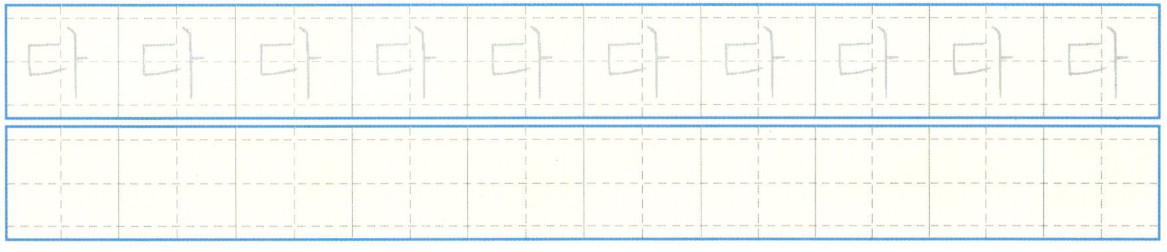

연습4 다 쓰기 : 연필로 글자 위를 따라 다를 쓰고 나서 아래 공백 안에 연필로 다시 다를 일정한 크기와 간격을 맞추어 똑바로 써 보세요.

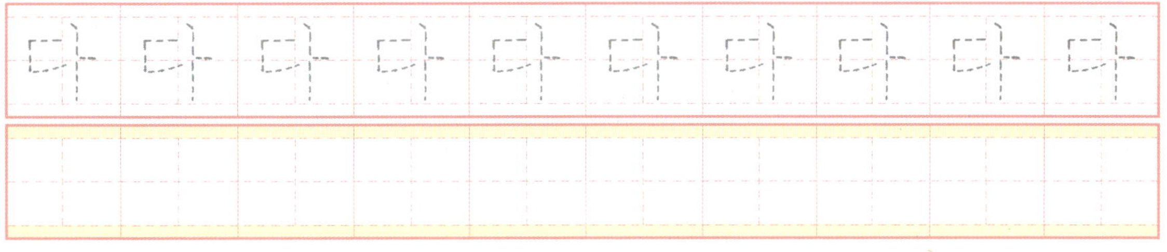

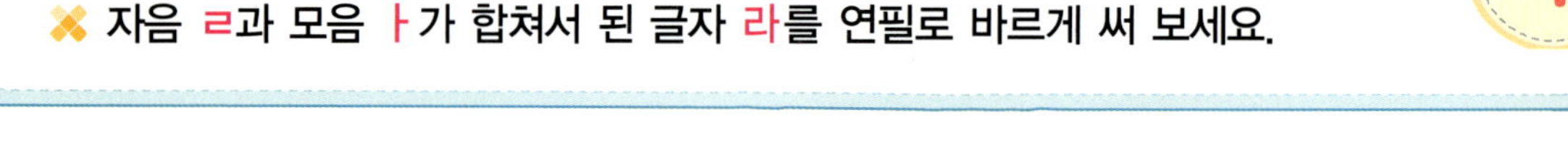 한글 [라]자를 바르게 쓰기연습

✖ 자음 ㄹ과 모음 ㅏ가 합쳐서 된 글자 라를 연필로 바르게 써 보세요.

4

연습 1 라 쓰기 : 연필로 라 선 위를 따라서 천천히 똑바로 써 보세요.

연습 2 라 쓰기 : 연필로 라 점선 위를 따라서 천천히 바르게 써 보세요.

연습 3 라 쓰기 : 연필로 글자 위를 따라 라를 쓰고 나서 아래 공백 안에 연필로 다시 라를 일정한 크기와 간격을 맞추어 똑바로 써 보세요.

연습 4 라 쓰기 : 연필로 글자 위를 따라 라를 쓰고 나서 아래 공백 안에 연필로 다시 라를 일정한 크기와 간격을 맞추어 똑바로 써 보세요.

🐝 한글 [마]자를 바르게 쓰기연습

✖ 자음 ㅁ과 모음 ㅏ가 합쳐서 된 글자 마를 연필로 바르게 써 보세요.

5

연습 1　마 쓰기 : 연필로 마 선 위를 따라서 천천히 똑바로 써 보세요.

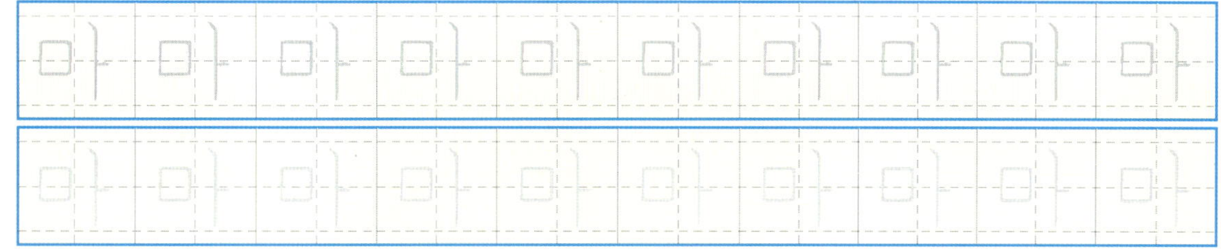

연습 2　마 쓰기 : 연필로 마 점선 위를 따라서 천천히 바르게 써 보세요.

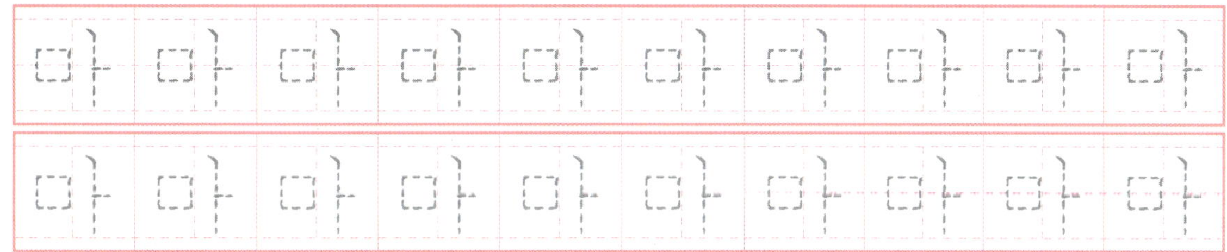

연습 3　마 쓰기 : 연필로 글자 위를 따라 마를 쓰고 나서 아래 공백 안에 연필로 다시 마를 일정
한 크기와 간격을 맞추어 똑바로 써 보세요.

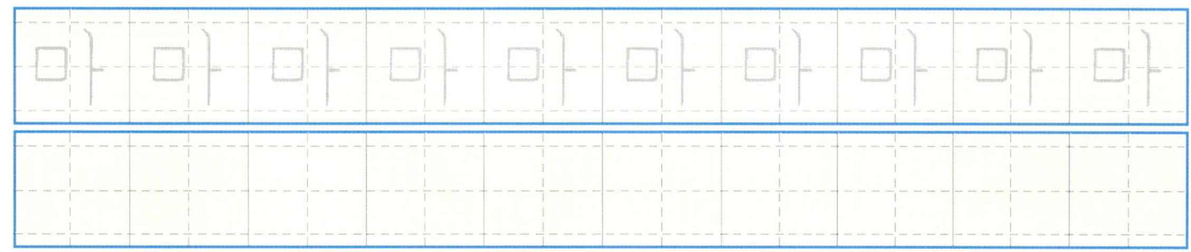

연습 4　마 쓰기 : 연필로 글자 위를 따라 마를 쓰고 나서 아래 공백 안에 연필로 다시 마를 일정
한 크기와 간격을 맞추어 똑바로 써 보세요.

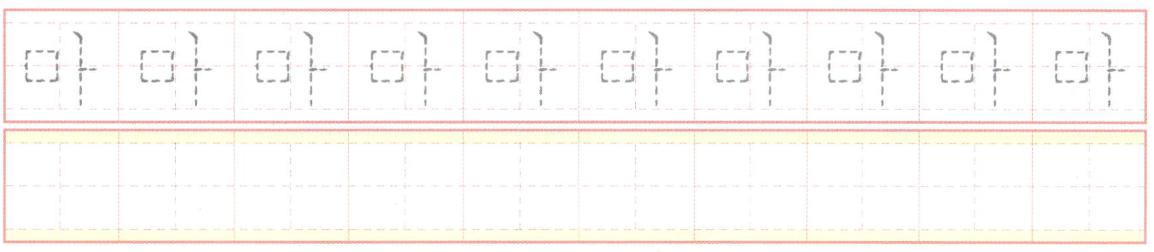

한글 [바]자를 바르게 쓰기연습

6

✖ 자음 ㅂ과 모음 ㅏ가 합쳐서 된 글자 바를 연필로 바르게 써 보세요.

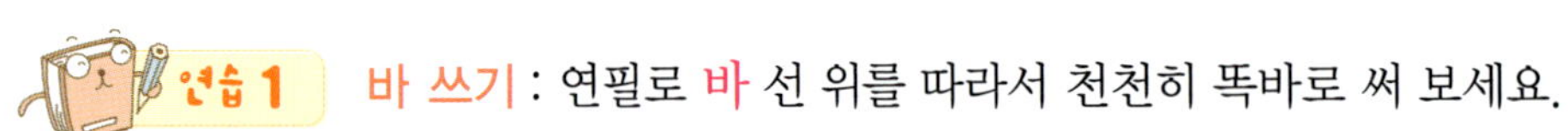

연습 1　바 쓰기 : 연필로 바 선 위를 따라서 천천히 똑바로 써 보세요.

연습 2　바 쓰기 : 연필로 바 점선 위를 따라서 천천히 바르게 써 보세요.

연습 3　바 쓰기 : 연필로 글자 위를 따라 바를 쓰고 나서 아래 공백 안에 연필로 다시 바를 일정
한 크기와 간격을 맞추어 똑바로 써 보세요.

연습 4　바 쓰기 : 연필로 글자 위를 따라 바를 쓰고 나서 아래 공백 안에 연필로 다시 바를 일정
한 크기와 간격을 맞추어 똑바로 써 보세요.

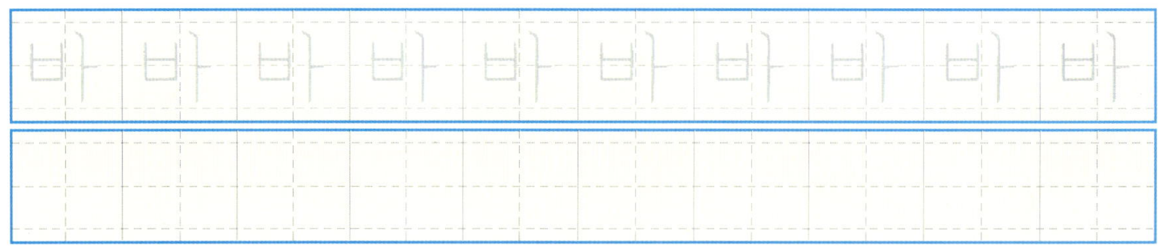

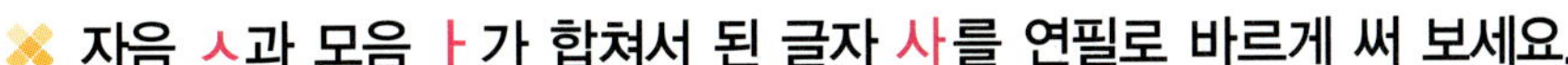

한글 [사]자를 바르게 쓰기연습

7

✖ 자음 ㅅ과 모음 ㅏ가 합쳐서 된 글자 **사**를 연필로 바르게 써 보세요.

연습 1   **사 쓰기** : 연필로 **사** 선 위를 따라서 천천히 똑바로 써 보세요.

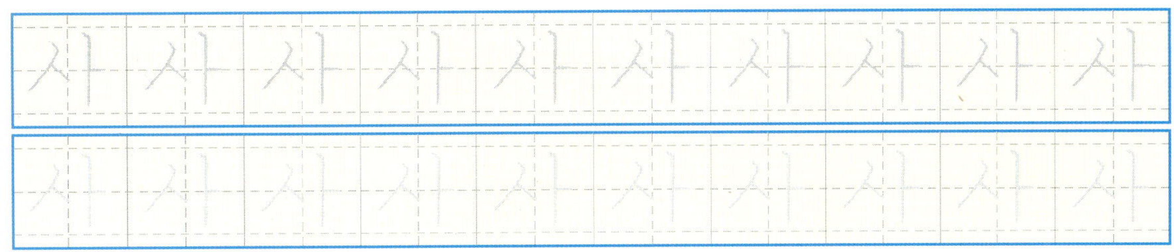

연습 2   **사 쓰기** : 연필로 **사** 점선 위를 따라서 천천히 바르게 써 보세요.

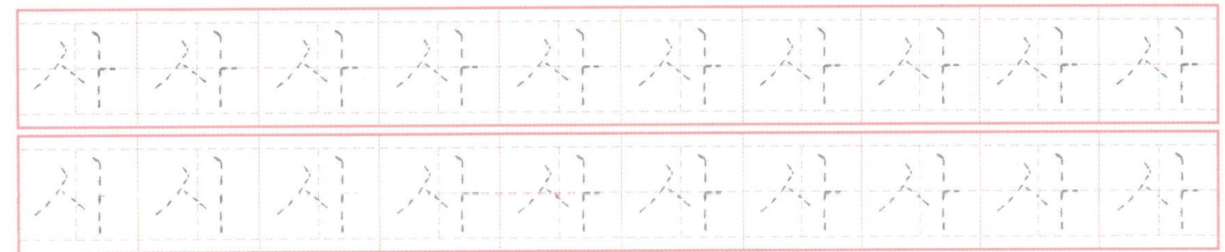

연습 3   **사 쓰기** : 연필로 글자 위를 따라 **사**를 쓰고 나서 아래 공백 안에 연필로 다시 **사**를 일정한 크기와 간격을 맞추어 똑바로 써 보세요.

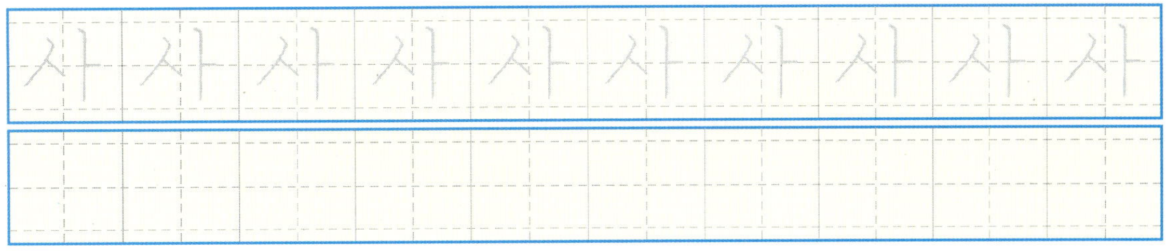

연습 4   **사 쓰기** : 연필로 글자 위를 따라 **사**를 쓰고 나서 아래 공백 안에 연필로 다시 **사**를 일정한 크기와 간격을 맞추어 똑바로 써 보세요.

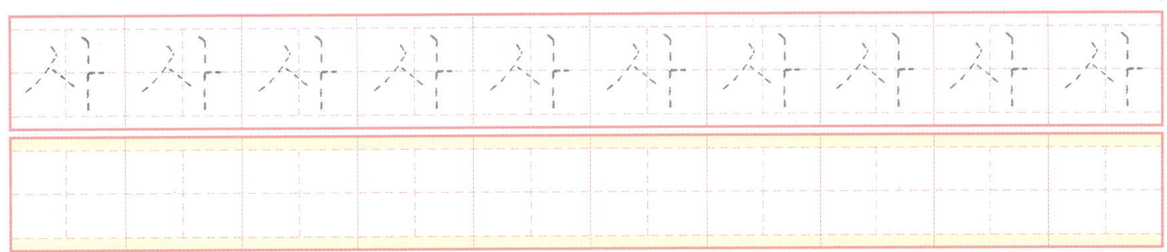

✖ 자음 ㅇ과 모음 ㅏ가 합쳐서 된 글자 아를 연필로 바르게 써 보세요.

연습 1   아 쓰기 : 연필로 아 선 위를 따라서 천천히 똑바로 써 보세요.

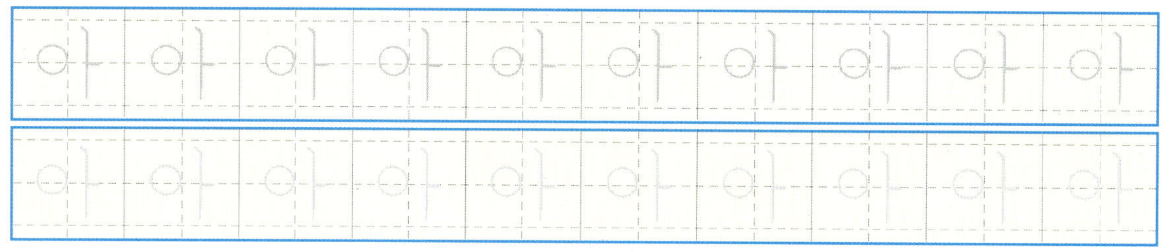

연습 2   아 쓰기 : 연필로 아 점선 위를 따라서 천천히 바르게 써 보세요.

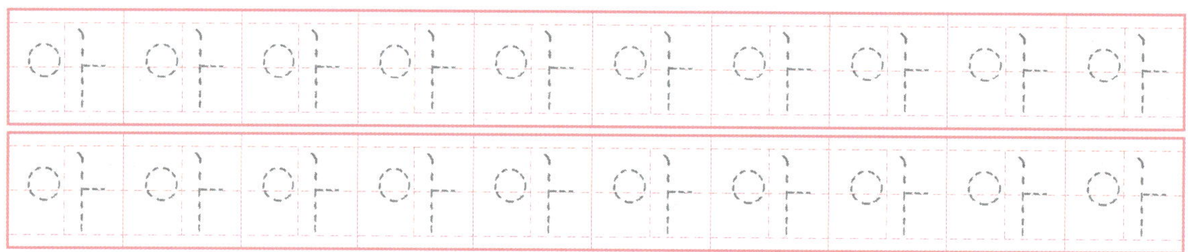

연습 3   아 쓰기 : 연필로 글자 위를 따라 아를 쓰고 나서 아래 공백 안에 연필로 다시 아를 일정한 크기와 간격을 맞추어 똑바로 써 보세요.

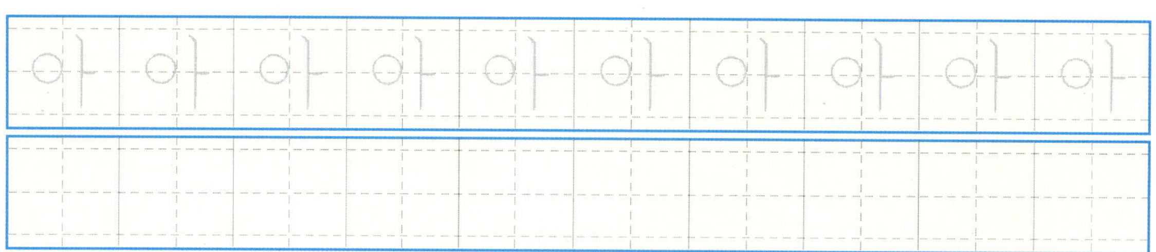

연습 4   아 쓰기 : 연필로 글자 위를 따라 아를 쓰고 나서 아래 공백 안에 연필로 다시 아를 일정한 크기와 간격을 맞추어 똑바로 써 보세요.

 한글 [자]자를 바르게 쓰기연습

9

✖ 자음 ㅈ과 모음 ㅏ가 합쳐서 된 글자 **자**를 연필로 바르게 써 보세요.

연습1 **자 쓰기** : 연필로 **자** 선 위를 따라서 천천히 똑바로 써 보세요.

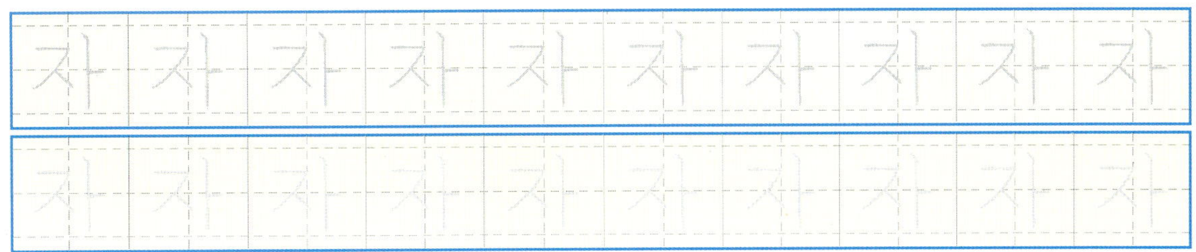

연습2 **자 쓰기** : 연필로 **자** 점선 위를 따라서 천천히 바르게 써 보세요.

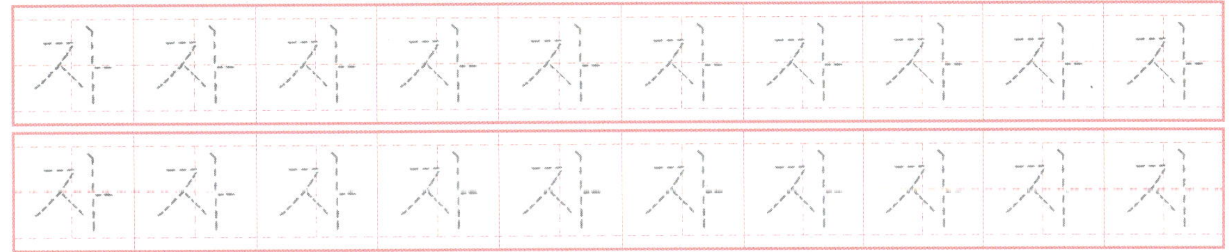

연습3 **자 쓰기** : 연필로 글자 위를 따라 **자**를 쓰고 나서 아래 공백 안에 연필로 다시 **자**를 일정한 크기와 간격을 맞추어 똑바로 써 보세요.

연습4 **자 쓰기** : 연필로 글자 위를 따라 **자**를 쓰고 나서 아래 공백 안에 연필로 다시 **자**를 일정한 크기와 간격을 맞추어 똑바로 써 보세요.

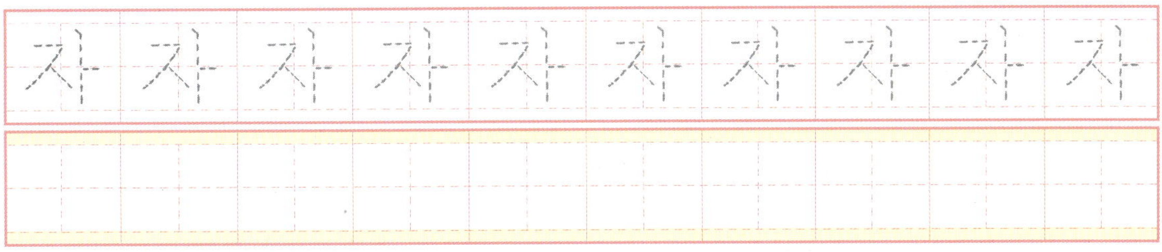

 한글 [차]자를 바르게 쓰기연습

10

✖ 자음 ㅊ과 모음 ㅏ가 합쳐서 된 글자 차를 연필로 바르게 써 보세요.

 **연습 1**　차 쓰기 : 연필로 차 선 위를 따라서 천천히 똑바로 써 보세요.

연습 2　차 쓰기 : 연필로 차 점선 위를 따라서 천천히 바르게 써 보세요.

연습 3　차 쓰기 : 연필로 글자 위를 따라 차를 쓰고 나서 아래 공백 안에 연필로 다시 차를 일정한 크기와 간격을 맞추어 똑바로 써 보세요.

연습 4　차 쓰기 : 연필로 글자 위를 따라 차를 쓰고 나서 아래 공백 안에 연필로 다시 차를 일정한 크기와 간격을 맞추어 똑바로 써 보세요.

 한글 [카]자를 바르게 쓰기연습

11

❌ 자음 ㅋ과 모음 ㅏ가 합쳐서 된 글자 **카**를 연필로 바르게 써 보세요.

연습 1 **카 쓰기** : 연필로 **카** 선 위를 따라서 천천히 똑바로 써 보세요.

카	카	카	카	카	카	카	카	카	카
카	카	카	카	카	카	카	카	카	카

연습 2 **카 쓰기** : 연필로 **카** 점선 위를 따라서 천천히 바르게 써 보세요.

카	카	카	카	카	카	카	카	카	카
카	카	카	카	카	카	카	카	카	카

연습 3 **카 쓰기** : 연필로 글자 위를 따라 **카**를 쓰고 나서 아래 공백 안에 연필로 다시 **카**를 일정한 크기와 간격을 맞추어 똑바로 써 보세요.

카	카	카	카	카	카	카	카	카	카

연습 4 **카 쓰기** : 연필로 글자 위를 따라 **카**를 쓰고 나서 아래 공백 안에 연필로 다시 **카**를 일정한 크기와 간격을 맞추어 똑바로 써 보세요.

카	카	카	카	카	카	카	카	카	카

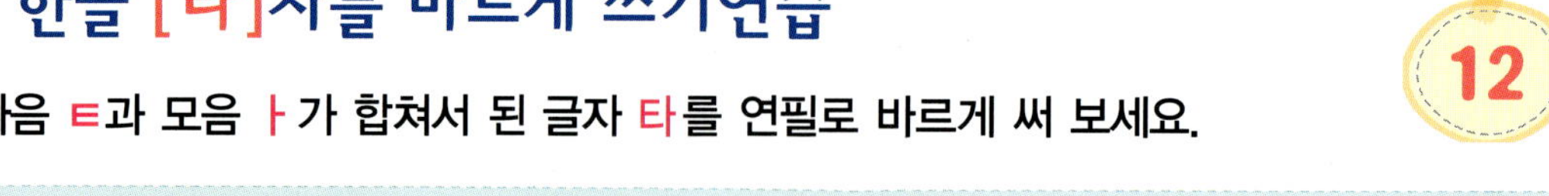 한글 [타]자를 바르게 쓰기연습

❈ 자음 ㅌ과 모음 ㅏ가 합쳐서 된 글자 타를 연필로 바르게 써 보세요.

연습 1 타 쓰기 : 연필로 타 선 위를 따라서 천천히 똑바로 써 보세요.

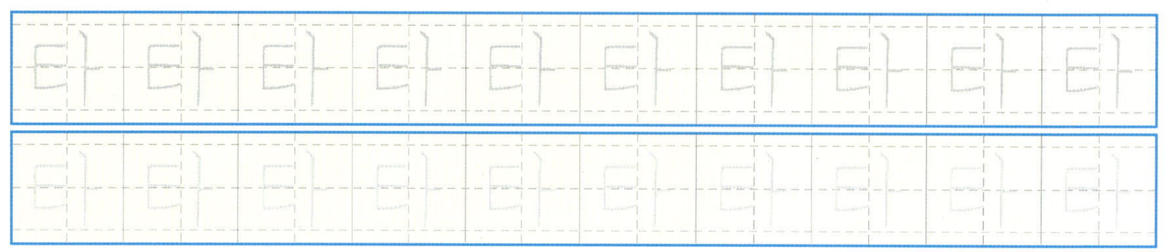

연습 2 타 쓰기 : 연필로 타 점선 위를 따라서 천천히 바르게 써 보세요.

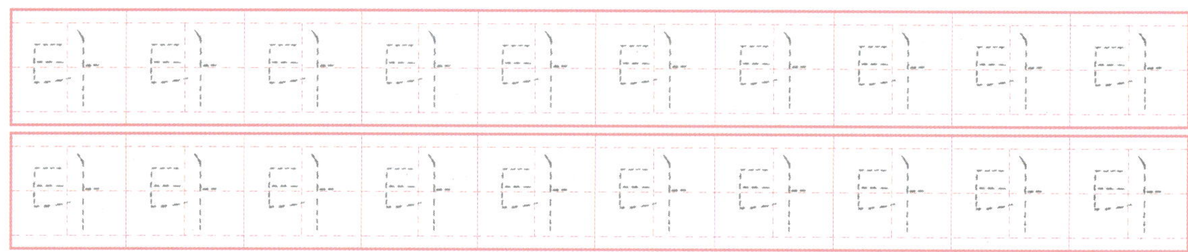

연습 3 타 쓰기 : 연필로 글자 위를 따라 타를 쓰고 나서 아래 공백 안에 연필로 다시 타를 일정한 크기와 간격을 맞추어 똑바로 써 보세요.

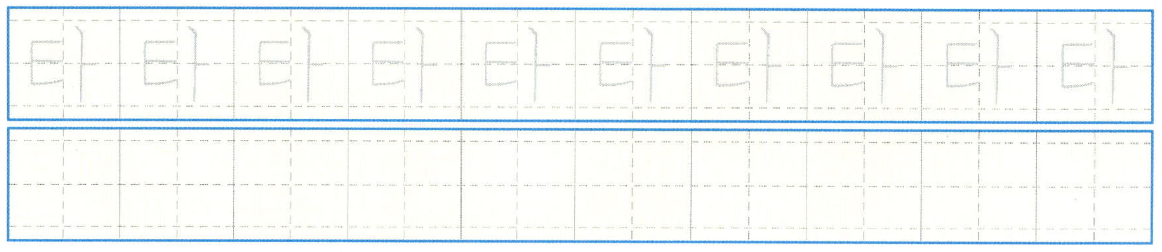

연습 4 타 쓰기 : 연필로 글자 위를 따라 타를 쓰고 나서 아래 공백 안에 연필로 다시 타를 일정한 크기와 간격을 맞추어 똑바로 써 보세요.

 한글 [파]자를 바르게 쓰기연습

13

❌ 자음 ㅍ과 모음 ㅏ가 합쳐서 된 글자 **파**를 연필로 바르게 써 보세요.

연습 1 **파 쓰기** : 연필로 **파** 선 위를 따라서 천천히 똑바로 써 보세요.

연습 2 **파 쓰기** : 연필로 **파** 점선 위를 따라서 천천히 바르게 써 보세요.

연습 3 **파 쓰기** : 연필로 글자 위를 따라 **파**를 쓰고 나서 아래 공백 안에 연필로 다시 **파**를 일정한 크기와 간격을 맞추어 똑바로 써 보세요.

연습 4 **파 쓰기** : 연필로 글자 위를 따라 **파**를 쓰고 나서 아래 공백 안에 연필로 다시 **파**를 일정한 크기와 간격을 맞추어 똑바로 써 보세요.

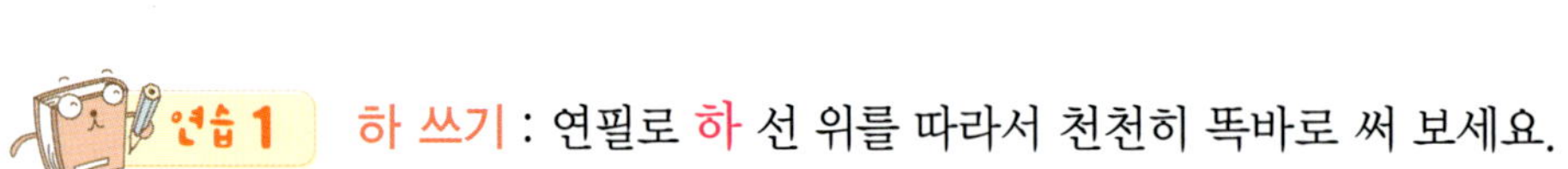 한글 [하]자를 바르게 쓰기연습

✖ 자음 ㅎ과 모음 ㅏ가 합쳐서 된 글자 하를 연필로 바르게 써 보세요.

연습 1 — 하 쓰기 : 연필로 하 선 위를 따라서 천천히 똑바로 써 보세요.

연습 2 — 하 쓰기 : 연필로 하 점선 위를 따라서 천천히 바르게 써 보세요.

연습 3 — 하 쓰기 : 연필로 글자 위를 따라 하를 쓰고 나서 아래 공백 안에 연필로 다시 하를 일정한 크기와 간격을 맞추어 똑바로 써 보세요.

연습 4 — 하 쓰기 : 연필로 글자 위를 따라 하를 쓰고 나서 아래 공백 안에 연필로 다시 하를 일정한 크기와 간격을 맞추어 똑바로 써 보세요.

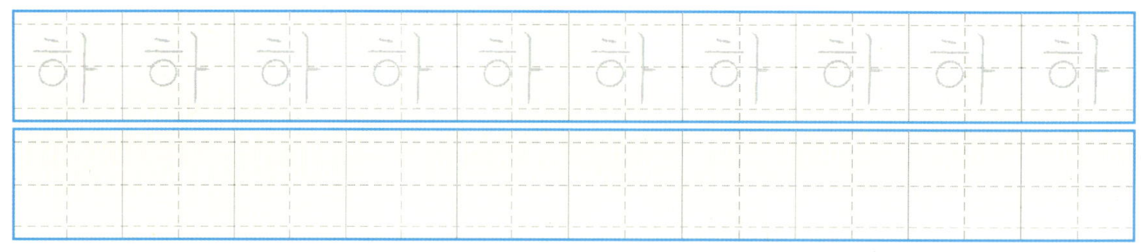

한글 글씨 예쁘고 바르게 쓰기

1. 한글 숫자 일~공까지 바르게 따라 [1일 차]씩 쓰기연습

2. 인사의 장, 인체의 장, 색깔의 장, 하루의 장, 주·달·년의 장, 요일의 장,
   월·계절의 장, 일가 친족의 장, 주방의 장, 목욕실의 장, 동물의 장,
   해산물의 장, 곤충의 장, 과일의 장, 채소의 장, 꽃의 장, 자연의 장,
   직업의 장, 공항의 장, 우체국의 장, 은행의 장, 일상생활 활동의 장

※ 한글의 숫자 일~공까지 [1일 차]씩 바르게 따라 쓰기 훈련을 하고 나서 장르
   별로 글씨 쓰기와 함께 예쁘게 한글 쓰기 연습합니다.

3. 한국의 속담과 뜻 이해하며 바르게 쓰기연습

4. 애국가 1절~4절까지 바르게 쓰기연습

5. 알파벳 인쇄체 대문자, 소문자 쓰기연습
   알파벳 필기체 대문자, 소문자 쓰기연습

6. 국어의 로마자 표기법 / 한글 이름 영어 표기법

한글 숫자 일~공까지 바르게 따라 쓰기

✖ 아래 각 한글 숫자를 따라서 연필로 천천히 똑바로 써 보세요.

연습 1　한글 숫자 쓰기 : 연필로 글자 선 위를 천천히 바르게 따라 쓰기

일	이	삼	사	오	육	칠	팔	구	공

연습 2　한글 숫자 쓰기 : 연필로 글자 점선 위를 천천히 바르게 따라 쓰기

일	이	삼	사	오	육	칠	팔	구	공

실전쓰기 3　한글 숫자 쓰기 : 공백 안에 연필로 한글 숫자를 일~공까지 천천히 똑바로 직접 써 보세요.

연습 4　한글 숫자 쓰기 : 연필로 글자 선 위를 천천히 바르게 따라 쓰기

일	이	삼	사	오	육	칠	팔	구	공

연습 5　한글 숫자 쓰기 : 연필로 글자 점선 위를 천천히 바르게 따라 쓰기

일	이	삼	사	오	육	칠	팔	구	공

실전쓰기 6　한글 숫자 쓰기 : 공백 안에 연필로 한글 숫자를 일~공까지 천천히 똑바로 직접 써 보세요.

한글 숫자 일~공까지 바르게 따라 쓰기

✖ 아래 각 한글 숫자를 따라서 연필로 천천히 똑바로 써 보세요.

연습 1 한글 숫자 쓰기 : 연필로 글자 선 위를 천천히 바르게 따라 쓰기

일 이 삼 사 오 육 칠 팔 구 공

연습 2 한글 숫자 쓰기 : 연필로 글자 점선 위를 천천히 바르게 따라 쓰기

일 이 삼 사 오 육 칠 팔 구 공

실전쓰기 3 한글 숫자 쓰기 : 공백 안에 연필로 한글 숫자를 일~공까지 천천히 똑바로 직접 써 보세요.

연습 4 한글 숫자 쓰기 : 연필로 글자 선 위를 천천히 바르게 따라 쓰기

일 이 삼 사 오 육 칠 팔 구 공

연습 5 한글 숫자 쓰기 : 연필로 글자 점선 위를 천천히 바르게 따라 쓰기

일 이 삼 사 오 육 칠 팔 구 공

실전쓰기 6 한글 숫자 쓰기 : 공백 안에 연필로 한글 숫자를 일~공까지 천천히 똑바로 직접 써 보세요.

🐝 한글 숫자 일~공까지 바르게 따라 쓰기

✖ 아래 각 한글 숫자를 따라서 연필로 천천히 똑바로 써 보세요.

연습 1   한글 숫자 쓰기 : 연필로 글자 선 위를 천천히 바르게 따라 쓰기

> 일 이 삼 사 오 육 칠 팔 구 공

연습 2   한글 숫자 쓰기 : 연필로 글자 점선 위를 천천히 바르게 따라 쓰기

> 일 이 삼 사 오 육 칠 팔 구 공

실전쓰기 3   한글 숫자 쓰기 : 공백 안에 연필로 한글 숫자를 일~공까지 천천히 똑바로 직접 써 보세요.

연습 4   한글 숫자 쓰기 : 연필로 글자 선 위를 천천히 바르게 따라 쓰기

> 일 이 삼 사 오 육 칠 팔 구 공

연습 5   한글 숫자 쓰기 : 연필로 글자 점선 위를 천천히 바르게 따라 쓰기

> 일 이 삼 사 오 육 칠 팔 구 공

실전쓰기 6   한글 숫자 쓰기 : 공백 안에 연필로 한글 숫자를 일~공까지 천천히 똑바로 직접 써 보세요.

한글 숫자 일~공까지 바르게 따라 쓰기

❌ 아래 각 한글 숫자를 따라서 연필로 천천히 똑바로 써 보세요.

 **연습 1**   한글 숫자 쓰기 : 연필로 글자 선 위를 천천히 바르게 따라 쓰기

연습 2   한글 숫자 쓰기 : 연필로 글자 점선 위를 천천히 바르게 따라 쓰기

실전쓰기 3   한글 숫자 쓰기 : 공백 안에 연필로 한글 숫자를 일~공까지 천천히 똑바로 직접 써 보세요.

연습 4   한글 숫자 쓰기 : 연필로 글자 선 위를 천천히 바르게 따라 쓰기

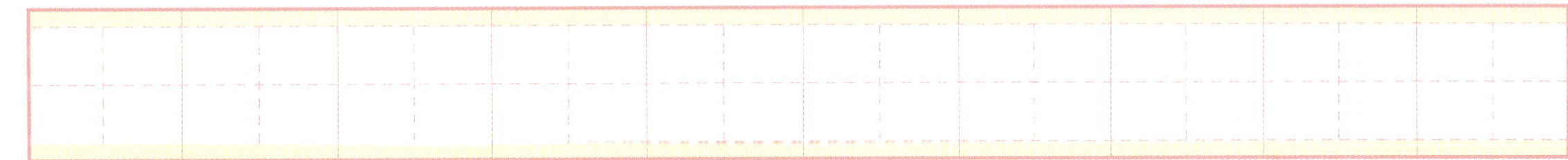

연습 5   한글 숫자 쓰기 : 연필로 글자 점선 위를 천천히 바르게 따라 쓰기

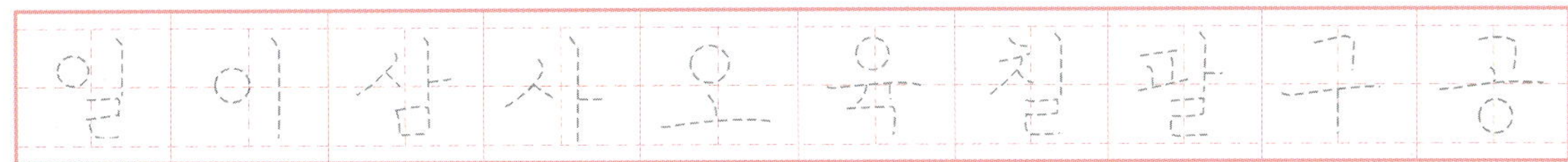

실전쓰기 6   한글 숫자 쓰기 : 공백 안에 연필로 한글 숫자를 일~공까지 천천히 똑바로 직접 써 보세요.

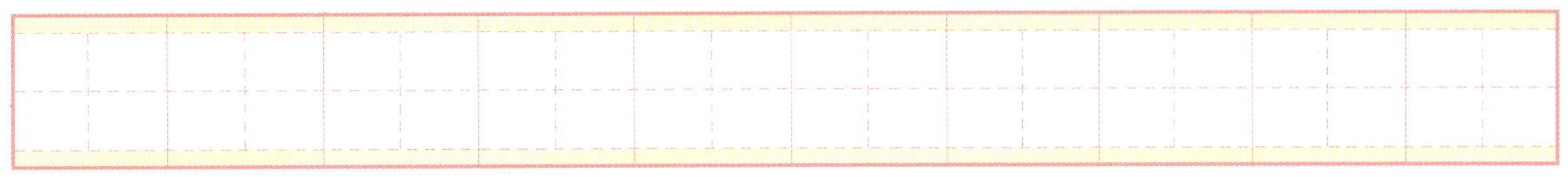

한글 숫자 일~공까지 바르게 따라 쓰기

✦ 아래 각 한글 숫자를 따라서 연필로 천천히 똑바로 써 보세요.

연습 1   한글 숫자 쓰기 : 연필로 글자 선 위를 천천히 바르게 따라 쓰기

| 일 | 이 | 삼 | 사 | 오 | 육 | 칠 | 팔 | 구 | 공 |

연습 2   한글 숫자 쓰기 : 연필로 글자 점선 위를 천천히 바르게 따라 쓰기

| 일 | 이 | 삼 | 사 | 오 | 육 | 칠 | 팔 | 구 | 공 |

실전쓰기 3   한글 숫자 쓰기 : 공백 안에 연필로 한글 숫자를 일~공까지 천천히 똑바로 직접 써 보세요.

연습 4   한글 숫자 쓰기 : 연필로 글자 선 위를 천천히 바르게 따라 쓰기

| 일 | 이 | 삼 | 사 | 오 | 육 | 칠 | 팔 | 구 | 공 |

연습 5   한글 숫자 쓰기 : 연필로 글자 점선 위를 천천히 바르게 따라 쓰기

| 일 | 이 | 삼 | 사 | 오 | 육 | 칠 | 팔 | 구 | 공 |

실전쓰기 6   한글 숫자 쓰기 : 공백 안에 연필로 한글 숫자를 일~공까지 천천히 똑바로 직접 써 보세요.

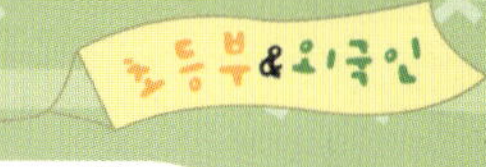

한글 숫자 일~공까지 바르게 따라 쓰기

✖ 아래 각 한글 숫자를 따라서 연필로 천천히 똑바로 써 보세요.

연습 1 | 한글 숫자 쓰기 : 연필로 글자 선 위를 천천히 바르게 따라 쓰기

일 이 삼 사 오 육 칠 팔 구 공

연습 2 | 한글 숫자 쓰기 : 연필로 글자 점선 위를 천천히 바르게 따라 쓰기

일 이 삼 사 오 육 칠 팔 구 공

실전쓰기 3 | 한글 숫자 쓰기 : 공백 안에 연필로 한글 숫자를 일~공까지 천천히 똑바로 직접 써 보세요.

연습 4 | 한글 숫자 쓰기 : 연필로 글자 선 위를 천천히 바르게 따라 쓰기

일 이 삼 사 오 육 칠 팔 구 공

연습 5 | 한글 숫자 쓰기 : 연필로 글자 점선 위를 천천히 바르게 따라 쓰기

일 이 삼 사 오 육 칠 팔 구 공

실전쓰기 6 | 한글 숫자 쓰기 : 공백 안에 연필로 한글 숫자를 일~공까지 천천히 똑바로 직접 써 보세요.

🐝 숫자의 장(場) 글씨 쓰면서 기억하기

✖ 아래 낱말을 천천히 또박또박 선을 긋듯이 크기와 간격을 맞추어 쓰세요.

✖ 글자 위로 한 번씩 쓰고 나서 점선 공백 안에 천천히 자필로 써 보세요.

연필로 쓰는 한글악필 교정법

 숫자의 장(場) 글씨 쓰면서 기억하기

❌ 아래 낱말을 천천히 또박또박 선을 긋듯이 크기와 간격을 맞추어 쓰세요.

❌ 글자 위로 한 번씩 쓰고 나서 점선 공백 안에 천천히 자필로 써 보세요.

숫자의 장(場) 글씨 쓰면서 기억하기

❈ 아래 낱말을 천천히 또박또박 선을 긋듯이 크기와 간격을 맞추어 쓰세요.

❈ 글자 위로 한 번씩 쓰고 나서 점선 공백 안에 천천히 자필로 써 보세요.

십 십 십 십 십 십 십

이십 이십 이십 이십

삼십 삼십 삼십 삼십

사십 사십 사십 사십

오십 오십 오십 오십

숫자의 장(場) 글씨 쓰면서 기억하기

✖ 아래 낱말을 천천히 또박또박 선을 긋듯이 크기와 간격을 맞추어 쓰세요.

✖ 글자 위로 한 번씩 쓰고 나서 점선 공백 안에 천천히 자필로 써 보세요.

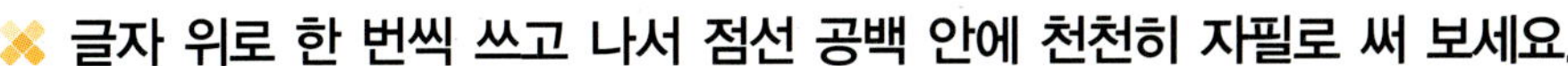

육십	육십	육십	육십
칠십	칠십	칠십	칠십
팔십	팔십	팔십	팔십
구십	구십	구십	구십
백	백	백	백	백	백	백

안 녕 하 세 요

감 사 합 니 다

사 랑 합 니 다

반 갑 습 니 다

 인사의 장 글씨 쓰면서 기억하기

✖ 아래 낱말을 천천히 또박또박 선을 긋듯이 크기와 간격을 맞추어 쓰세요.

✖ 글자 위로 한 번씩 쓰고 나서 점선 공백 안에 천천히 자필로 써 보세요.

1

안녕하세요 안녕하세요

안녕하세요 안녕하세요

안녕하세요 안녕하세요

안녕하세요 안녕하세요

안녕하세요 안녕하세요

2

✖ 아래 낱말을 천천히 또박또박 선을 긋듯이 크기와 간격을 맞추어 쓰세요.

✖ 글자 위로 한 번씩 쓰고 나서 점선 공백 안에 천천히 자필로 써 보세요.

반갑습니다

반갑습니다

반갑습니다

반갑습니다

반갑습니다

반갑습니다

반갑습니다

반갑습니다

반갑습니다

반갑습니다

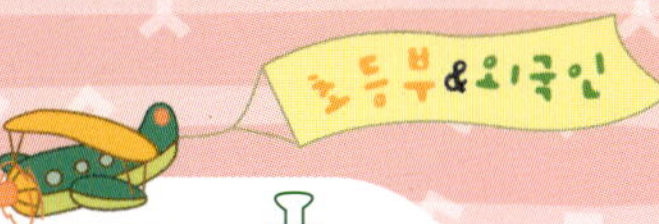

🐝 인사의 장 글씨 쓰면서 기억하기

✖️ 아래 낱말을 천천히 또박또박 선을 긋듯이 크기와 간격을 맞추어 쓰세요.

✖️ 글자 위로 한 번씩 쓰고 나서 점선 공백 안에 천천히 자필로 써 보세요.

3

감사합니다 감사합니다

감사합니다 감사합니다

감사합니다 감사합니다

감사합니다 감사합니다

감사합니다 감사합니다

인사의 장 글씨 쓰면서 기억하기

✖ 아래 낱말을 천천히 또박또박 선을 긋듯이 크기와 간격을 맞추어 쓰세요.

✖ 글자 위로 한 번씩 쓰고 나서 점선 공백 안에 천천히 자필로 써 보세요.

④

고맙습니다

고맙습니다

고맙습니다

고맙습니다

고맙습니다

고맙습니다

고맙습니다

고맙습니다

고맙습니다

고맙습니다

인사의 장 글씨 쓰면서 기억하기

✖ 아래 낱말을 천천히 또박또박 선을 긋듯이 크기와 간격을 맞추어 쓰세요.

✖ 글자 위로 한 번씩 쓰고 나서 점선 공백 안에 천천히 자필로 써 보세요.

5

사랑합니다

사랑합니다

사랑합니다

사랑합니다

사랑합니다

사랑합니다

사랑합니다

사랑합니다

사랑합니다

사랑합니다

 인사의 장 글씨 쓰면서 기억하기

✖ 아래 낱말을 천천히 또박또박 선을 긋듯이 크기와 간격을 맞추어 쓰세요.

✖ 글자 위로 한 번씩 쓰고 나서 점선 공백 안에 천천히 자필로 써 보세요.

6

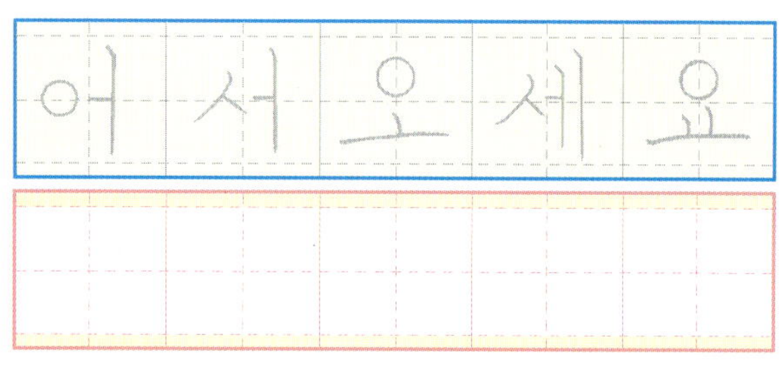

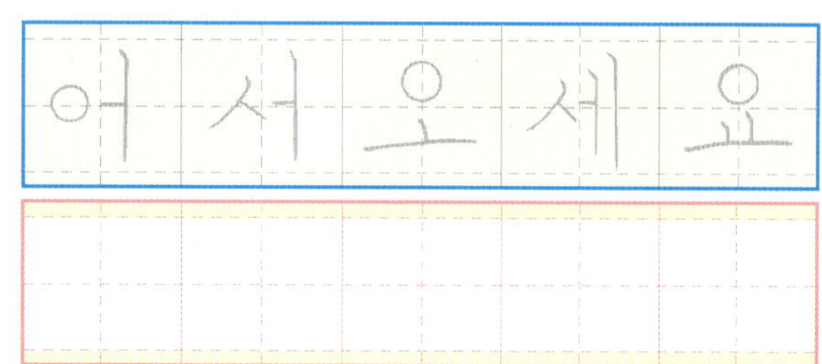

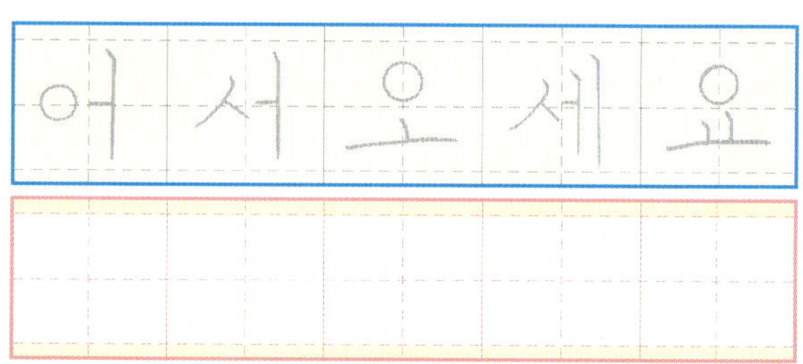

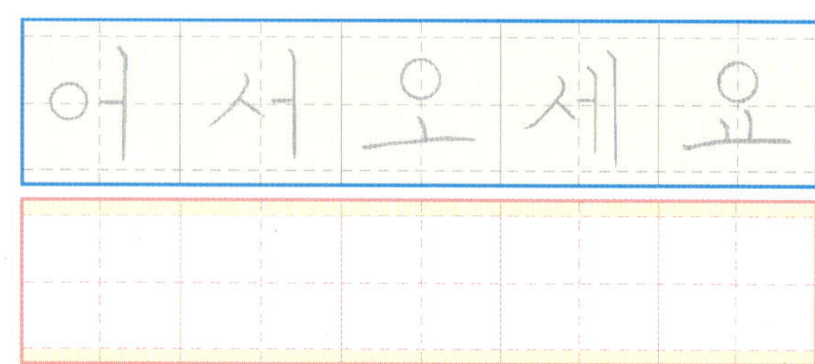

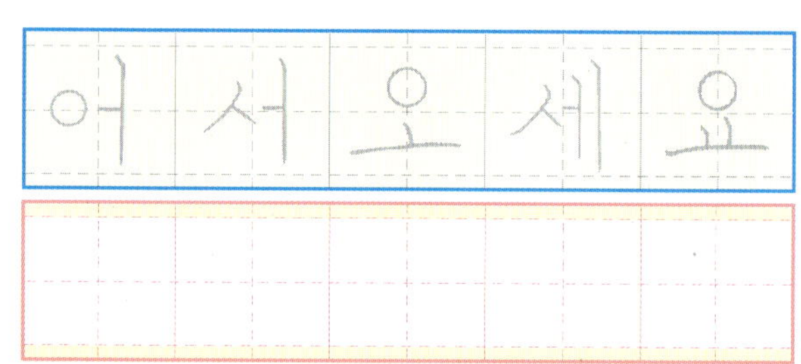

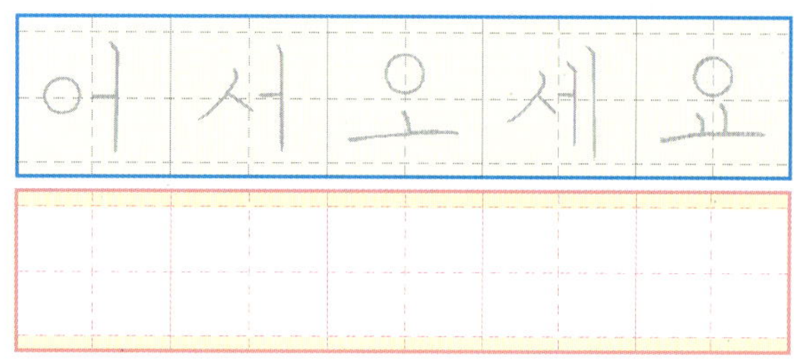

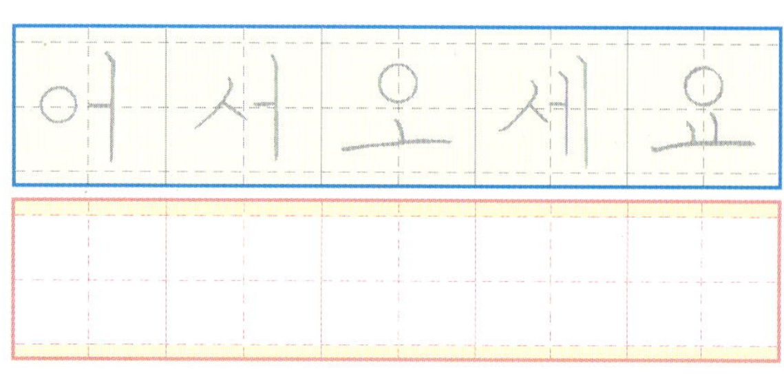

 **인사의 장** 글씨 쓰면서 기억하기

7

✖ 아래 낱말을 천천히 또박또박 선을 긋듯이 크기와 간격을 맞추어 쓰세요.

✖ 글자 위로 한 번씩 쓰고 나서 점선 공백 안에 천천히 자필로 써 보세요.

앉으세요

앉으세요

앉으세요

앉으세요

앉으세요

앉으세요

앉으세요

앉으세요

앉으세요

앉으세요

인사의 장 글씨 쓰면서 기억하기

✖ 아래 낱말을 천천히 또박또박 선을 긋듯이 크기와 간격을 맞추어 쓰세요.

✖ 글자 위로 한 번씩 쓰고 나서 점선 공백 안에 천천히 자필로 써 보세요.

8

안녕하가세요

안녕하가세요

안녕하가세요

안녕하가세요

안녕하가세요

안녕하가세요

안녕하가세요

안녕하가세요

안녕하가세요

안녕하가세요

안녕하가세요

안녕하가세요

 연필로 쓰는 한글악필 교정법

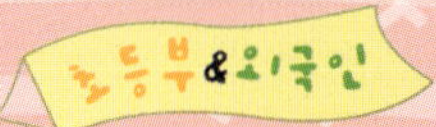

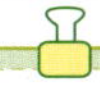  인사의 장 글씨 쓰면서 기억하기

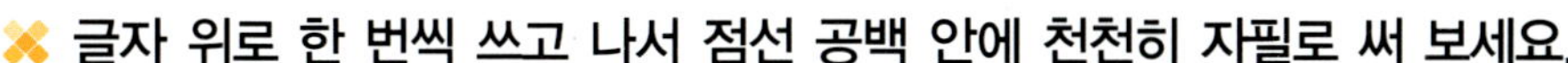

✖ 아래 낱말을 천천히 또박또박 선을 긋듯이 크기와 간격을 맞추어 쓰세요.

✖ 글자 위로 한 번씩 쓰고 나서 점선 공백 안에 천천히 자필로 써 보세요.

9

또 오 세 요

또 오 세 요

또 오 세 요

또 오 세 요

또 오 세 요

또 오 세 요

또 오 세 요

또 오 세 요

또 오 세 요

또 오 세 요

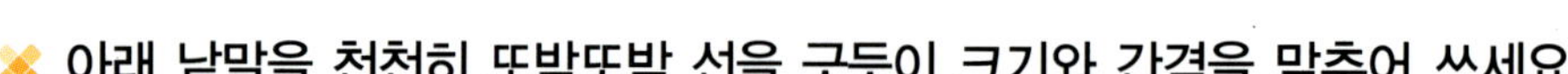

🐝 인사의 장 글씨 쓰면서 기억하기

❌ 아래 낱말을 천천히 또박또박 선을 긋듯이 크기와 간격을 맞추어 쓰세요.

❌ 글자 위로 한 번씩 쓰고 나서 점선 공백 안에 천천히 자필로 써 보세요.

실 례 합 니 다

실 례 합 니 다

실 례 합 니 다

실 례 합 니 다

실 례 합 니 다

실 례 합 니 다

실 례 합 니 다

실 례 합 니 다

실 례 합 니 다

실 례 합 니 다

 연필로 쓰는 한글악필 교정법

인사의 장 글씨 쓰면서 기억하기

11

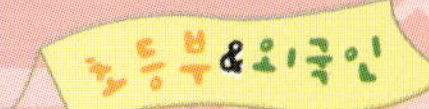

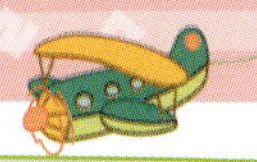

- 아래 낱말을 천천히 또박또박 선을 긋듯이 크기와 간격을 맞추어 쓰세요.
- 글자 위로 한 번씩 쓰고 나서 점선 공백 안에 천천히 자필로 써 보세요.

안 녕 히 주 무 세 요

안 녕 히 주 무 세 요

안 녕 히 주 무 세 요

안 녕 히 주 무 세 요

안 녕 히 주 무 세 요

인체의 장(場) 글씨 쓰면서 기억하기 2

※ 아래 그림을 보고 빈칸에 글씨를 예쁘게 써 넣으세요.

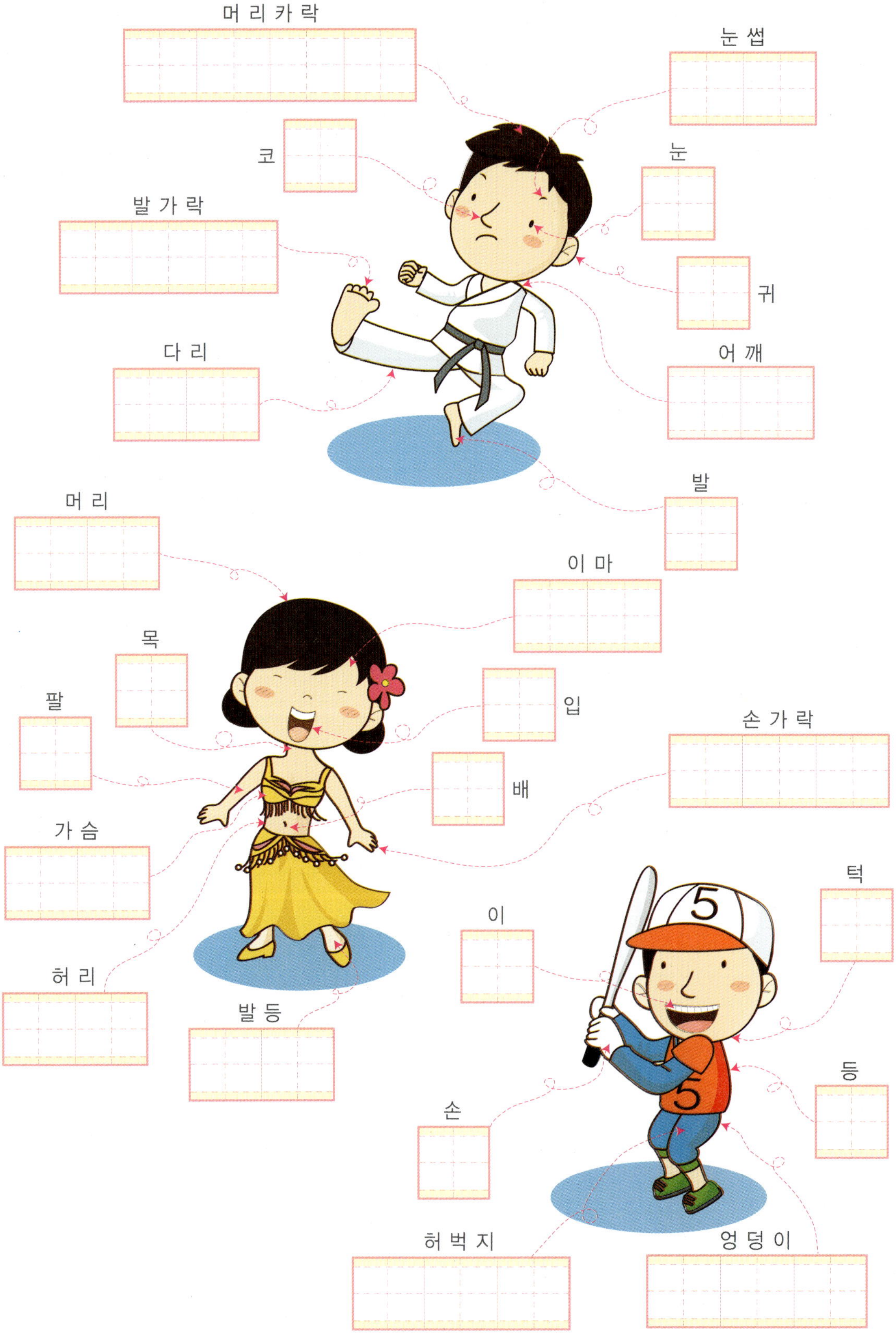

머 리 카 락
눈 썹
코
눈
발 가 락
귀
다 리
어 깨
발
머 리
이 마
목
팔
입
손 가 락
배
가 슴
털
이
허 리
발 등
등
손
허 벅 지
엉 덩 이

인체의 장 글씨 쓰면서 기억하기

❌ 아래 낱말을 천천히 또박또박 선을 긋듯이 크기와 간격을 맞추어 쓰세요.

❌ 글자 위로 한 번씩 쓰고 나서 점선 공백 안에 천천히 자필로 써 보세요.

1

눈　눈　눈　눈　눈　눈　눈

코　코　코　코　코　코　코

입　입　입　입　입　입　입

귀　귀　귀　귀　귀　귀　귀

턱　턱　턱　턱　턱　턱　턱

🐝 인체의 장 글씨 쓰면서 기억하기

✖️ 아래 낱말을 천천히 또박또박 선을 긋듯이 크기와 간격을 맞추어 쓰세요.

✖️ 글자 위로 한 번씩 쓰고 나서 점선 공백 안에 천천히 자필로 써 보세요.

2

| 목 | 목 | 목 | 목 | 목 | 목 | 목 |

| 팔 | 팔 | 팔 | 팔 | 팔 | 팔 | 팔 |

| 손 | 손 | 손 | 손 | 손 | 손 | 손 |

| 등 | 등 | 등 | 등 | 등 | 등 | 등 |

| 배 | 배 | 배 | 배 | 배 | 배 | 배 |

 인체의 장 글씨 쓰면서 기억하기

✖ 아래 낱말을 천천히 또박또박 선을 긋듯이 크기와 간격을 맞추어 쓰세요.

✖ 글자 위로 한 번씩 쓰고 나서 점선 공백 안에 천천히 자필로 써 보세요.

③

발　발　발　발　발　발　발

다리　다리　다리　다리

허리　허리　허리　허리

엉덩이　엉덩이　엉덩이

허벅지　허벅지　허벅지

🐝 인체의 장 글씨 쓰면서 기억하기

✖ 아래 낱말을 천천히 또박또박 선을 긋듯이 크기와 간격을 맞추어 쓰세요.

✖ 글자 위로 한 번씩 쓰고 나서 점선 공백 안에 천천히 자필로 써 보세요.

4

이　이　이　이　이　이　이

머리　머리　머리　머리

눈썹　눈썹　눈썹　눈썹

손가락　손가락　손가락

발가락　발가락　발가락

🐝 인체의 장 글씨 쓰면서 기억하기

�֎ 아래 낱말을 천천히 또박또박 선을 긋듯이 크기와 간격을 맞추어 쓰세요.

✖ 글자 위로 한 번씩 쓰고 나서 점선 공백 안에 천천히 자필로 써 보세요.

5

머리카락

머리카락

이마 이마 이마 이마

어깨 어깨 어깨 어깨

가슴 가슴 가슴 가슴

발등 발등 발등 발등

※ 아래 그림을 보고 빈칸에 글씨를 예쁘게 써 넣으세요.

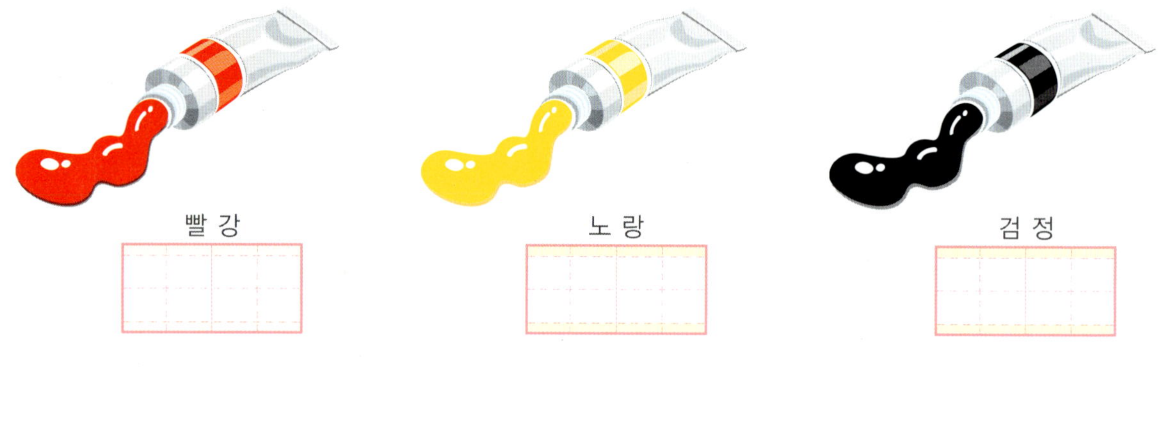

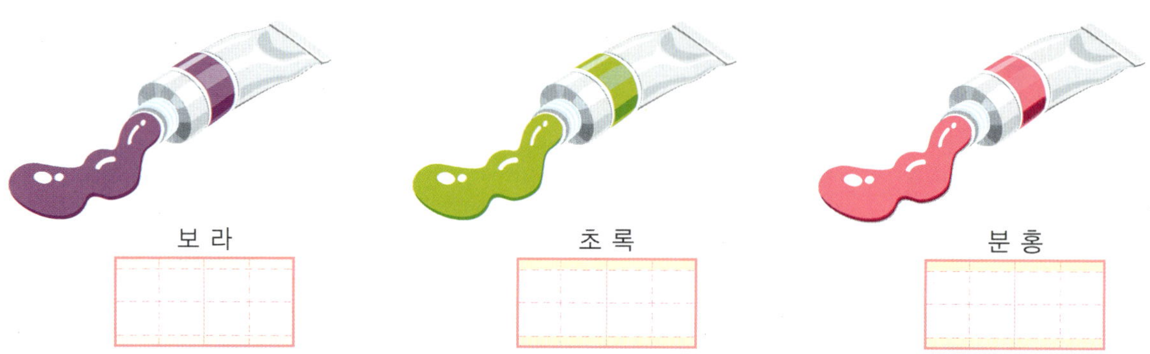

🐝 색깔의 장 글씨 쓰면서 기억하기

✖ 아래 낱말을 천천히 또박또박 선을 긋듯이 크기와 간격을 맞추어 쓰세요.

✖ 글자 위로 한 번씩 쓰고 나서 점선 공백 안에 천천히 자필로 써 보세요.

①

빨강　빨강　빨강　빨강

주황　주황　주황　주황

노랑　노랑　노랑　노랑

초록　초록　초록　초록

파랑　파랑　파랑　파랑

❈ 아래 낱말을 천천히 또박또박 선을 긋듯이 크기와 간격을 맞추어 쓰세요.

❈ 글자 위로 한 번씩 쓰고 나서 점선 공백 안에 천천히 자필로 써 보세요.

2

남색　남색　남색　남색

보라　보라　보라　보라

분홍　분홍　분홍　분홍

군청　군청　군청　군청

밤색　밤색　밤색　밤색

 ## 색깔의 장 글씨 쓰면서 기억하기

✹ 아래 낱말을 천천히 또박또박 선을 긋듯이 크기와 간격을 맞추어 쓰세요.

✹ 글자 위로 한 번씩 쓰고 나서 점선 공백 안에 천천히 자필로 써 보세요.

3

흰색　흰색　흰색　흰색

검정　검정　검정　검정

회색　회색　회색　회색

금색　금색　금색　금색

은색　은색　은색　은색

※ 아래 그림을 보고 빈칸에 글씨를 예쁘게 써 넣으세요.

새 벽

아 침

점 심

정 오

밤

🐝 하루의 장 글씨 쓰면서 기억하기

✖ 아래 낱말을 천천히 또박또박 선을 긋듯이 크기와 간격을 맞추어 쓰세요.

✖ 글자 위로 한 번씩 쓰고 나서 점선 공백 안에 천천히 자필로 써 보세요.

새벽　새벽　새벽　새벽

오전　오전　오전　오전

아침　아침　아침　아침

정오　정오　정오　정오

점심　점심　점심　점심

🐝 하루의 장 글씨 쓰면서 기억하기 

✖ 아래 낱말을 천천히 또박또박 선을 긋듯이 크기와 간격을 맞추어 쓰세요.

✖ 글자 위로 한 번씩 쓰고 나서 점선 공백 안에 천천히 자필로 써 보세요.

2

오후　오후　오후　오후

저녁　저녁　저녁　저녁

밤　밤　밤　밤　밤　밤　밤

자정　자정　자정　자정

한밤　한밤　한밤　한밤

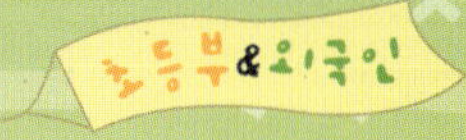

하루의 장 글씨 쓰면서 기억하기

❌ 아래 낱말을 천천히 또박또박 선을 긋듯이 크기와 간격을 맞추어 쓰세요.

❌ 글자 위로 한 번씩 쓰고 나서 점선 공백 안에 천천히 자필로 써 보세요.

어제	어제	어제	어제
오늘	오늘	오늘	오늘
내일	내일	내일	내일
모레	모레	모레	모레
글피	글피	글피	글피

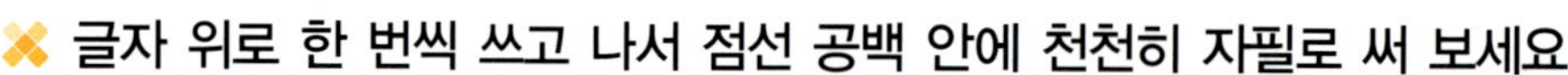

주·달·년의 장 글씨 쓰면서 기억하기

✖ 아래 낱말을 천천히 또박또박 선을 긋듯이 크기와 간격을 맞추어 쓰세요.

✖ 글자 위로 한 번씩 쓰고 나서 점선 공백 안에 천천히 자필로 써 보세요.

1

일 주　　일 주　　일 주　　일 주

한 달　　한 달　　한 달　　한 달

일 년　　일 년　　일 년　　일 년

금 년　　금 년　　금 년　　금 년

내 년　　내 년　　내 년　　내 년

 요일의 장 글씨 쓰면서 기억하기 

✖ 아래 낱말을 천천히 또박또박 선을 긋듯이 크기와 간격을 맞추어 쓰세요.

✖ 글자 위로 한 번씩 쓰고 나서 점선 공백 안에 천천히 자필로 써 보세요.

1

🐝 월·계절의 장 글씨 쓰면서 기억하기

✖ 아래 낱말을 천천히 또박또박 선을 긋듯이 크기와 간격을 맞추어 쓰세요.

✖ 글자 위로 한 번씩 쓰고 나서 점선 공백 안에 천천히 자필로 써 보세요.

1월	2월	3월	4월
5월	6월	7월	8월
9월	10월	11월	12월
봄	여름	가을	겨울

 # 일가친족의 장(場) 글씨 쓰면서 기억하기 5

할아버지

할머니

아버지

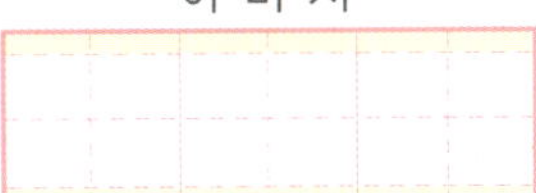

아내

딸　　　아들

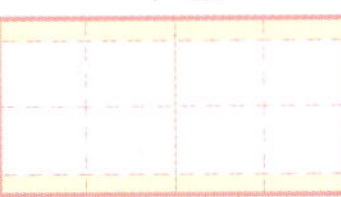

여자　　　남자

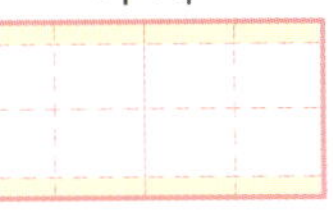

일가친족의 장(場) 부당촌수보(父黨寸數譜)

나의 촌수 알아보는 법

※ ○ 안의 숫자는 촌수를 표시함.

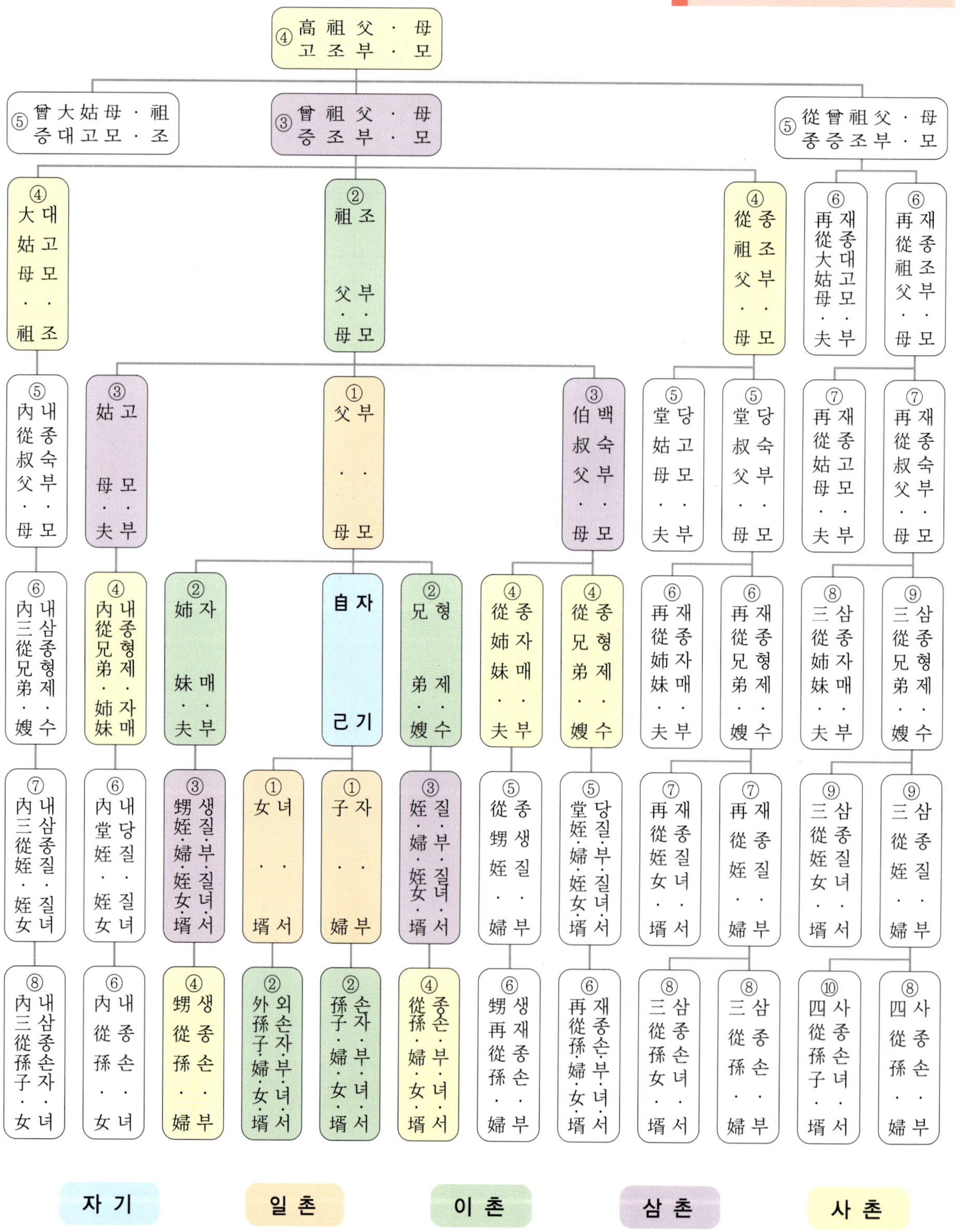

4대 (고조부·모)
- ④ 高祖父·母 고조부·모

증조부 항렬
- ⑤ 曾大姑母·祖 증대고모·조
- ③ 曾祖父·母 증조부·모
- ⑤ 從曾祖父·母 종증조부·모

조부 항렬
- ④ 大姑母·祖 대고모·조
- ② 祖父·母 조부·모
- ④ 從祖父·母 종조부·모
- ⑥ 再從大姑母·夫 재종대고모·부
- ⑥ 再從祖父·母 재종조부·모

부 항렬
- ⑤ 內從叔父·母 내종숙부·모
- ③ 姑母·夫 고모·부
- ① 父·母 부·모
- ③ 伯叔父·母 백숙부·모
- ⑤ 堂姑母·夫 당고모·부
- ⑤ 堂叔父·母 당숙부·모
- ⑦ 再從姑母·夫 재종고모·부
- ⑦ 再從叔父·母 재종숙부·모

자기 항렬
- ⑥ 內三從兄弟·嫂 내삼종형제·수
- ④ 內從兄弟·姉妹 내종형제·자매
- ② 姉妹·夫 자매·부
- 自 己 자 기
- ② 兄弟·嫂 형제·수
- ④ 從姉妹·夫 종자매·부
- ④ 從兄弟·嫂 종형제·수
- ⑥ 再從姉妹·夫 재종자매·부
- ⑥ 再從兄弟·嫂 재종형제·수
- ⑧ 三從姉妹·夫 삼종자매·부
- ⑨ 三從兄弟·嫂 삼종형제·수

자녀 항렬
- ⑦ 內三從姪·姪女 내삼종질·질녀
- ⑥ 內堂姪·姪女 내당질·질녀
- ③ 甥姪·婦·姪女·壻 생질·부·질녀·서
- ① 女·壻 녀·서
- ① 子·婦 자·부
- ③ 姪·婦·姪女·壻 질·부·질녀·서
- ⑤ 從甥姪·婦 종생질·부
- ⑤ 堂姪·婦·姪女·壻 당질·부·질녀·서
- ⑦ 再從姪女·壻 재종질녀·서
- ⑦ 再從姪·婦 재종질·부
- ⑨ 三從姪女·壻 삼종질녀·서
- ⑨ 三從姪·婦 삼종질·부

손자 항렬
- ⑧ 內三從孫子·女 내삼종손자·녀
- ⑥ 內從孫·女 내종손·녀
- ④ 甥從孫·婦 생종손·부
- ② 外孫子·婦·女·壻 외손자·부·녀·서
- ② 孫子·婦·女·壻 손자·부·녀·서
- ④ 從孫·婦·女·壻 종손·부·녀·서
- ⑥ 甥再從孫·婦 생재종손·부
- ⑥ 再從孫·婦·女·壻 재종손·부·녀·서
- ⑧ 三從孫女·壻 삼종손녀·서
- ⑧ 三從孫·婦 삼종손·부
- ⑩ 四從孫子·壻 사종손자·서
- ⑧ 四從孫·婦 사종손·부

자 기 　　 일 촌 　　 이 촌 　　 삼 촌 　　 사 촌

 ## 일가친족의 장 글씨 쓰면서 기억하기

❌ 아래 낱말을 천천히 또박또박 선을 긋듯이 크기와 간격을 맞추어 쓰세요.

❌ 글자 위로 한 번씩 쓰고 나서 점선 공백 안에 천천히 자필로 써 보세요.

조부모　조부모　조부모

할아버지　　　할아버지

할머니　할머니　할머니

아버지　아버지　아버지

어머니　어머니　어머니

🐝 일가친족의 장 글씨 쓰면서 기억하기

✖️ 아래 낱말을 천천히 또박또박 선을 긋듯이 크기와 간격을 맞추어 쓰세요.

✖️ 글자 위로 한 번씩 쓰고 나서 점선 공백 안에 천천히 자필로 써 보세요.

2

남편   남편   남편   남편

아내   아내   아내   아내

아들   아들   아들   아들

딸   딸   딸   딸   딸   딸   딸

자매   자매   자매   자매

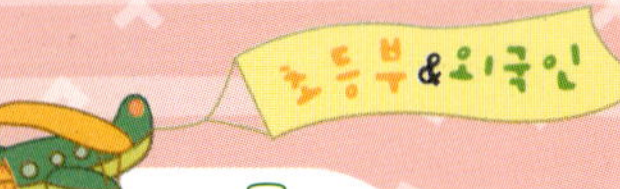

일가친족의 장 글씨 쓰면서 기억하기

3

✖ 아래 낱말을 천천히 또박또박 선을 긋듯이 크기와 간격을 맞추어 쓰세요.

✖ 글자 위로 한 번씩 쓰고 나서 점선 공백 안에 천천히 자필로 써 보세요.

언니　언니　언니　언니

오빠　오빠　오빠　오빠

형　형　형　형　형　형　형

동생　동생　동생　동생

형제　형제　형제　형제

 일가친족의 장 글씨 쓰면서 기억하기

✖ 아래 낱말을 천천히 또박또박 선을 긋듯이 크기와 간격을 맞추어 쓰세요.

✖ 글자 위로 한 번씩 쓰고 나서 점선 공백 안에 천천히 자필로 써 보세요.

4

남자　남자　남자　남자

소년　소년　소년　소년

나　나　나　나　나　나　나

여자　여자　여자　여자

소녀　소녀　소녀　소녀

 일가친족의 장 글씨 쓰면서 기억하기

✖ 아래 낱말을 천천히 또박또박 선을 긋듯이 크기와 간격을 맞추어 쓰세요.

✖ 글자 위로 한 번씩 쓰고 나서 점선 공백 안에 천천히 자필로 써 보세요.

5

신 사　　신 사　　신 사　　신 사

숙 녀　　숙 녀　　숙 녀　　숙 녀

녀　녀　녀　녀　녀　녀　녀

손 자　　손 자　　손 자　　손 자

손 녀　　손 녀　　손 녀　　손 녀

6

✖ 아래 낱말을 천천히 또박또박 선을 긋듯이 크기와 간격을 맞추어 쓰세요.

✖ 글자 위로 한 번씩 쓰고 나서 점선 공백 안에 천천히 자필로 써 보세요.

친척	친척	친척	친척
고모	고모	고모	고모
이모	이모	이모	이모
삼촌	삼촌	삼촌	삼촌
조카	조카	조카	조카

※ 아래 그림을 보고 빈칸에 글씨를 예쁘게 써 넣으세요.

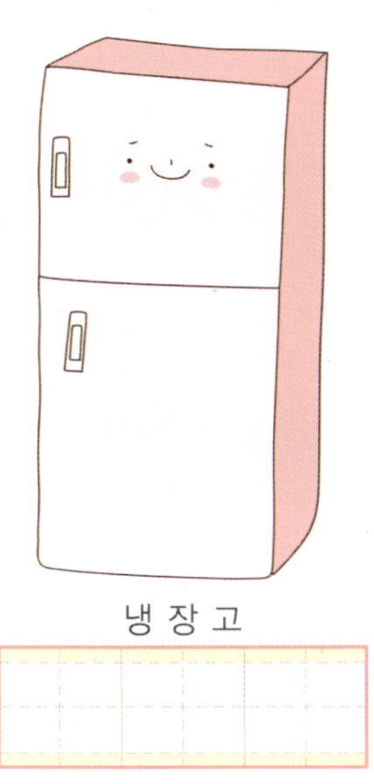

냉 장 고

식 탁

쓰 레 기 통

냄 비

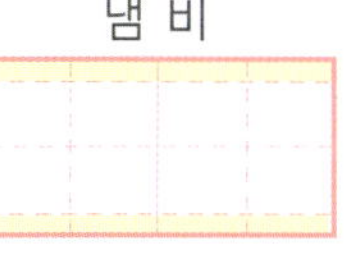

국 자

가 위

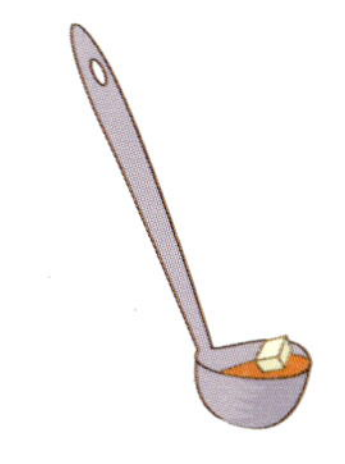

프 라 이 팬

🐝 주방의 장 글씨 쓰면서 기억하기

✖ 아래 낱말을 천천히 또박또박 선을 긋듯이 크기와 간격을 맞추어 쓰세요.

✖ 글자 위로 한 번씩 쓰고 나서 점선 공백 안에 천천히 자필로 써 보세요.

1

식탁　식탁　식탁　식탁

의자　의자　의자　의자

공기　공기　공기　공기

수저　수저　수저　수저

주걱　주걱　주걱　주걱

 주방의 장 글씨 쓰면서 기억하기

✖ 아래 낱말을 천천히 또박또박 선을 긋듯이 크기와 간격을 맞추어 쓰세요.

✖ 글자 위로 한 번씩 쓰고 나서 점선 공백 안에 천천히 자필로 써 보세요.

찬장   찬장   찬장   찬장

소반   소반   소반   소반

압력밥솥   압력밥솥

냄비   냄비   냄비   냄비

국자   국자   국자   국자

주방의 장 글씨 쓰면서 기억하기

❌ 아래 낱말을 천천히 또박또박 선을 긋듯이 크기와 간격을 맞추어 쓰세요.

❌ 글자 위로 한 번씩 쓰고 나서 점선 공백 안에 천천히 자필로 써 보세요.

3

그릇	그릇	그릇	그릇

대접	대접	대접	대접

프라이팬	프라이팬

쟁반	쟁반	쟁반	쟁반

접시	접시	접시	접시

 주방의 장 글씨 쓰면서 기억하기

4

✖ 아래 낱말을 천천히 또박또박 선을 긋듯이 크기와 간격을 맞추어 쓰세요.

✖ 글자 위로 한 번씩 쓰고 나서 점선 공백 안에 천천히 자필로 써 보세요.

칼　칼　칼　칼　칼　칼　칼

가위　가위　가위　가위

도마　도마　도마　도마

냉장고　냉장고　냉장고

쓰레기통　쓰레기통

※ 아래 그림을 보고 빈칸에 글씨를 예쁘게 써 넣으세요.

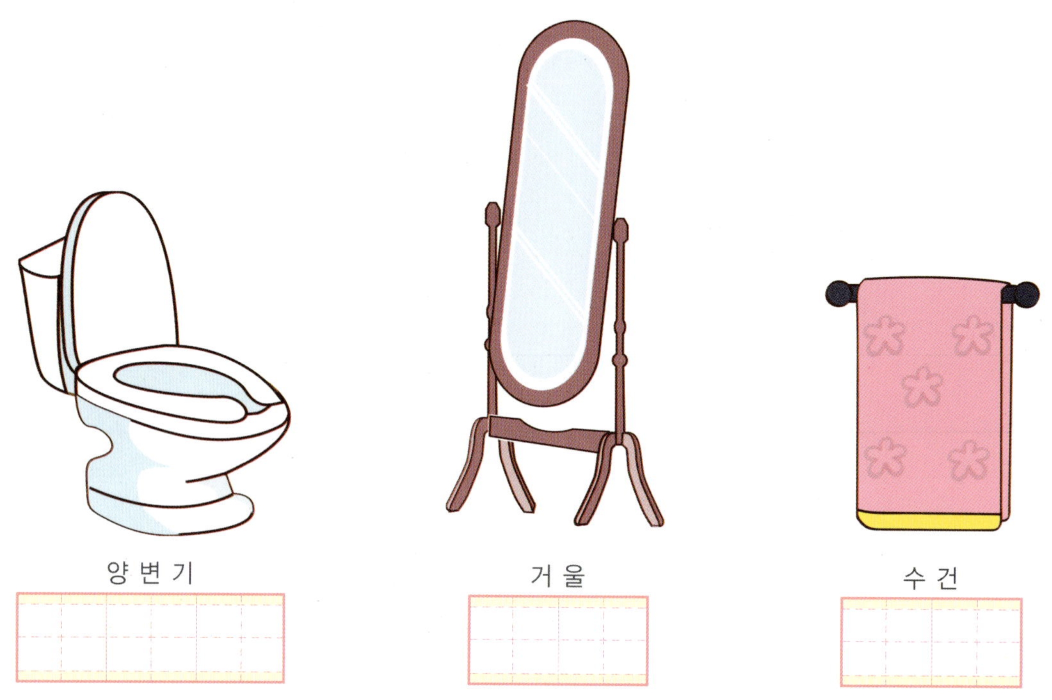

양 변 기

거 울

수 건

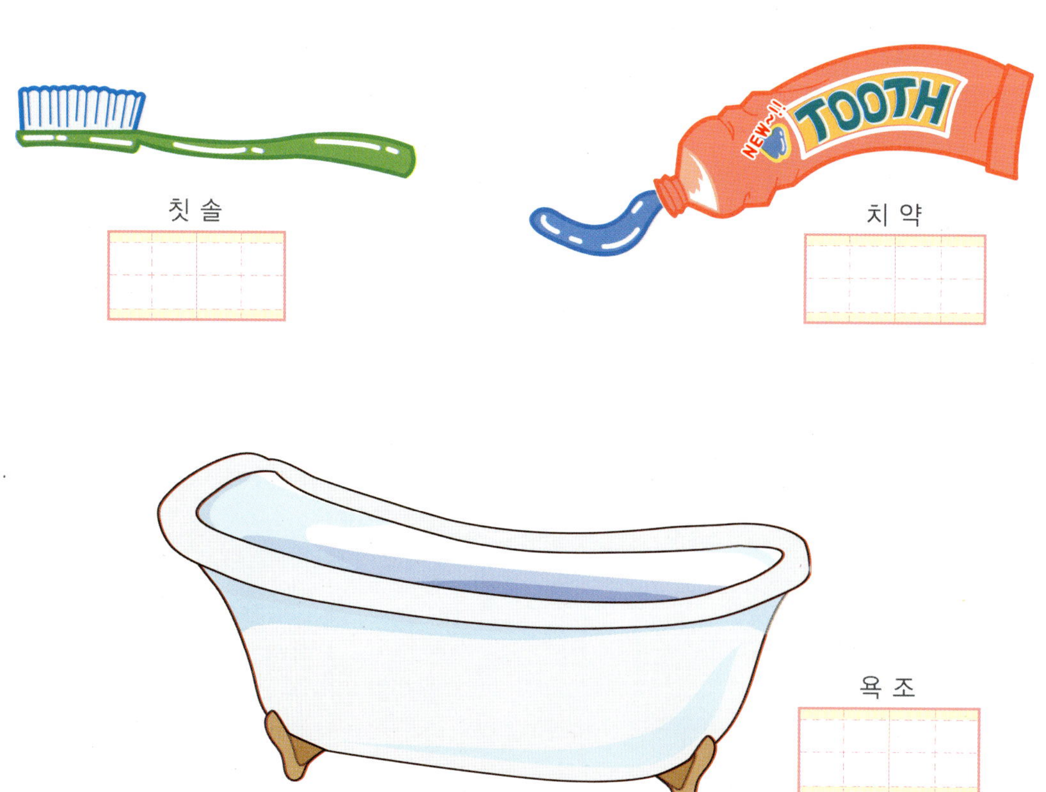

칫 솔

치 약

욕 조

 목욕실의 장 글씨 쓰면서 기억하기

①

✖ 아래 낱말을 천천히 또박또박 선을 긋듯이 크기와 간격을 맞추어 쓰세요.

✖ 글자 위로 한 번씩 쓰고 나서 점선 공백 안에 천천히 자필로 써 보세요.

거울　　거울　　거울　　거울

수건　　수건　　수건　　수건

수도꼭지　　　　수도꼭지

치약　　치약　　치약　　치약

칫솔　　칫솔　　칫솔　　칫솔

✖ 아래 낱말을 천천히 또박또박 선을 긋듯이 크기와 간격을 맞추어 쓰세요.

✖ 글자 위로 한 번씩 쓰고 나서 점선 공백 안에 천천히 자필로 써 보세요.

비누　비누　비누　비누

세수　세수　세수　세수

화장실　화장실　화장실

욕조　욕조　욕조　욕조

양치　양치　양치　양치

 # 목욕실의 장 글씨 쓰면서 기억하기

✖ 아래 낱말을 천천히 또박또박 선을 긋듯이 크기와 간격을 맞추어 쓰세요.

✖ 글자 위로 한 번씩 쓰고 나서 점선 공백 안에 천천히 자필로 써 보세요.

3

샤워기　　샤워기　　샤워기

세면대　　세면대　　세면대

세숫대야　　　　세숫대야

화장지　　화장지　　화장지

양변기　　양변기　　양변기

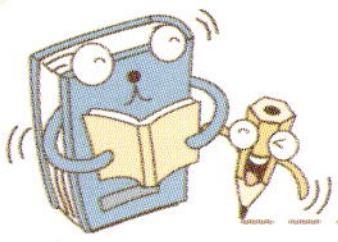

동물의 장(場) 글씨 쓰면서 기억하기 8

※ 아래 그림을 보고 빈칸에 글씨를 예쁘게 써 넣으세요.

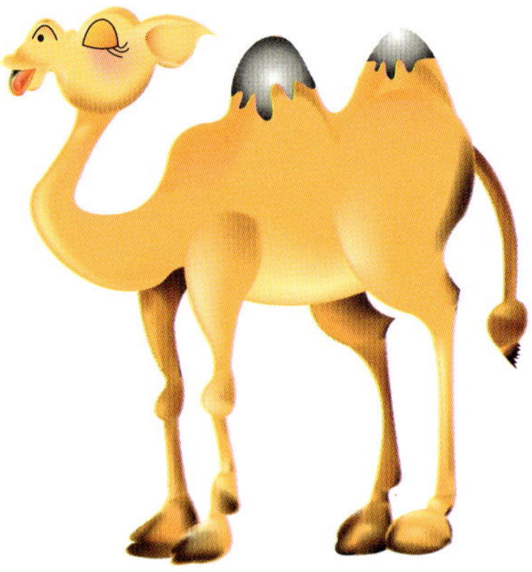

낙 타

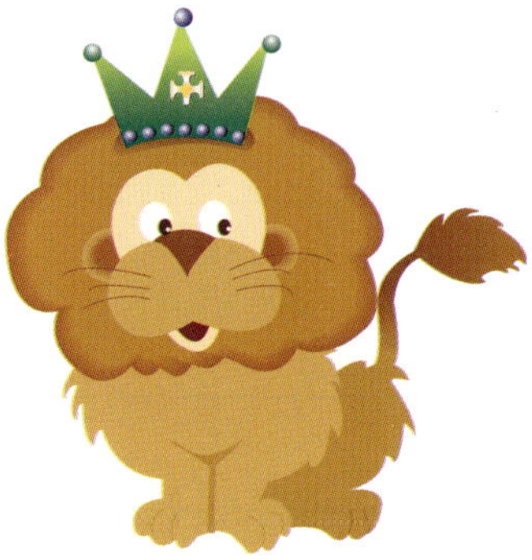

사 자

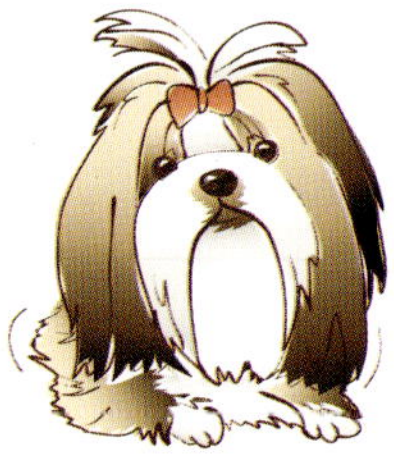

강 아 지

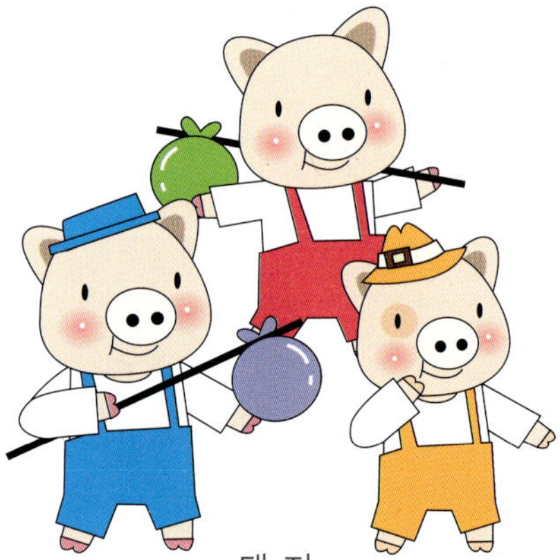

돼 지

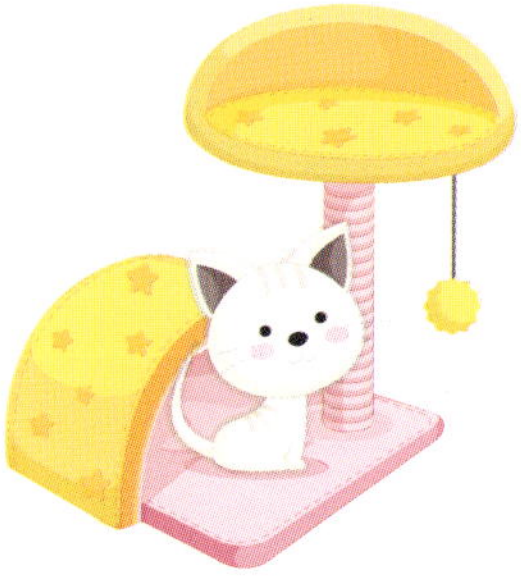

고 양 이

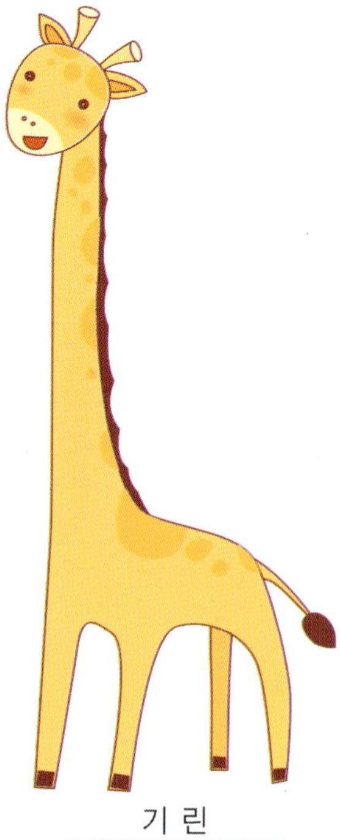

기 린

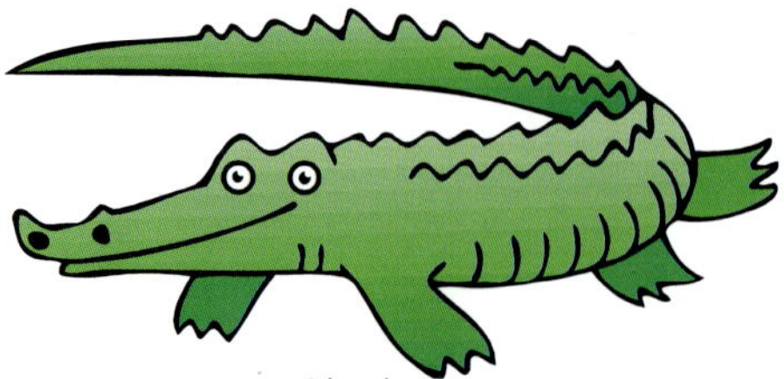

악 어

  동물의 장 글씨 쓰면서 기억하기

✖ 아래 낱말을 천천히 또박또박 선을 긋듯이 크기와 간격을 맞추어 쓰세요.

✖ 글자 위로 한 번씩 쓰고 나서 점선 공백 안에 천천히 자필로 써 보세요.

1

소 소 소 소 소 소 소

기린 기린 기린 기린

사자 사자 사자 사자

호랑이 호랑이 호랑이

너구리 너구리 너구리

✖ 아래 낱말을 천천히 또박또박 선을 긋듯이 크기와 간격을 맞추어 쓰세요.

✖ 글자 위로 한 번씩 쓰고 나서 점선 공백 안에 천천히 자필로 써 보세요.

2

개 개 개 개 개 개 개

돼지 돼지 돼지 돼지

생쥐 생쥐 생쥐 생쥐

고양이 고양이 고양이

코뿔소 코뿔소 코뿔소

 ## 동물의 장 글씨 쓰면서 기억하기

✖ 아래 낱말을 천천히 또박또박 선을 긋듯이 크기와 간격을 맞추어 쓰세요.

✖ 글자 위로 한 번씩 쓰고 나서 점선 공백 안에 천천히 자필로 써 보세요.

말 말 말 말 말 말 말

황소 황소 황소 황소

여우 여우 여우 여우

개구리 개구리 개구리

거북이 거북이 거북이

동물의 장 글씨 쓰면서 기억하기

✖ 아래 낱말을 천천히 또박또박 선을 긋듯이 크기와 간격을 맞추어 쓰세요.

✖ 글자 위로 한 번씩 쓰고 나서 점선 공백 안에 천천히 자필로 써 보세요.

4

곰　곰　곰　곰　곰　곰　곰

하마　하마　하마　하마

사슴　사슴　사슴　사슴

코끼리　코끼리　코끼리

도마뱀　도마뱀　도마뱀

동물의 장 글씨 쓰면서 기억하기

✖ 아래 낱말을 천천히 또박또박 선을 긋듯이 크기와 간격을 맞추어 쓰세요.

✖ 글자 위로 한 번씩 쓰고 나서 점선 공백 안에 천천히 자필로 써 보세요.

5

닭　닭　닭　닭　닭　닭　닭

늑대　늑대　늑대　늑대

토끼　토끼　토끼　토끼

강아지　강아지　강아지

원숭이　원숭이　원숭이

🐝 동물의 장 글씨 쓰면서 기억하기

✖ 아래 낱말을 천천히 또박또박 선을 긋듯이 크기와 간격을 맞추어 쓰세요.

✖ 글자 위로 한 번씩 쓰고 나서 점선 공백 안에 천천히 자필로 써 보세요.

6

뱀　뱀　뱀　뱀　뱀　뱀　뱀

악어　악어　악어　악어

낙타　낙타　낙타　낙타

얼룩말　얼룩말　얼룩말

혹염소　혹염소　혹염소

동물의 장 글씨 쓰면서 기억하기

7

아래 낱말을 천천히 또박또박 선을 긋듯이 크기와 간격을 맞추어 쓰세요.

글자 위로 한 번씩 쓰고 나서 점선 공백 안에 천천히 자필로 써 보세요.

학 학 학 학 학 학 학

수달 수달 수달 수달

타조 타조 타조 타조

코알라 코알라 코알라

다람쥐 다람쥐 다람쥐

※ 아래 그림을 보고 빈칸에 글씨를 예쁘게 써 넣으세요.

게

새 우

소 라

문 어

오 징 어

돌 고 래

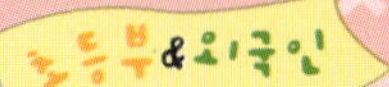

 해산물의 장 글씨 쓰면서 기억하기

✖ 아래 낱말을 천천히 또박또박 선을 긋듯이 크기와 간격을 맞추어 쓰세요.

✖ 글자 위로 한 번씩 쓰고 나서 점선 공백 안에 천천히 자필로 써 보세요.

1

게 게 게 게 게 게 게

새우 새우 새우 새우

고래 고래 고래 고래

오징어 오징어 오징어

꼴뚜기 꼴뚜기 꼴뚜기

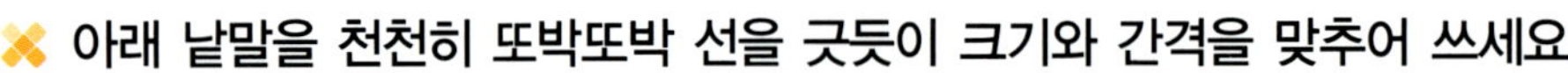

해산물의 장 글씨 쓰면서 기억하기

❌ 아래 낱말을 천천히 또박또박 선을 긋듯이 크기와 간격을 맞추어 쓰세요.

❌ 글자 위로 한 번씩 쓰고 나서 점선 공백 안에 천천히 자필로 써 보세요.

2

참치	참치	참치	참치

대구	대구	대구	대구

꽁치	꽁치	꽁치	꽁치

고등어	고등어	고등어

돌고래	돌고래	돌고래

# 해산물의 장 글씨 쓰면서 기억하기

- 아래 낱말을 천천히 또박또박 선을 긋듯이 크기와 간격을 맞추어 쓰세요.
- 글자 위로 한 번씩 쓰고 나서 점선 공백 안에 천천히 자필로 써 보세요.

3

소라　　소라　　소라　　소라

낙지　　낙지　　낙지　　낙지

문어　　문어　　문어　　문어

가물치　　가물치　　가물치

도다리　　도다리　　도다리

🐝 해산물의 장 글씨 쓰면서 기억하기

❌ 아래 낱말을 천천히 또박또박 선을 긋듯이 크기와 간격을 맞추어 쓰세요.

❌ 글자 위로 한 번씩 쓰고 나서 점선 공백 안에 천천히 자필로 써 보세요.

4

멍게　멍게　멍게　멍게

해삼　해삼　해삼　해삼

홍합　홍합　홍합　홍합

가자미　가자미　가자미

뱀장어　뱀장어　뱀장어

곤충의 장(場) 글씨 쓰면서 기억하기 10

벌

나 비

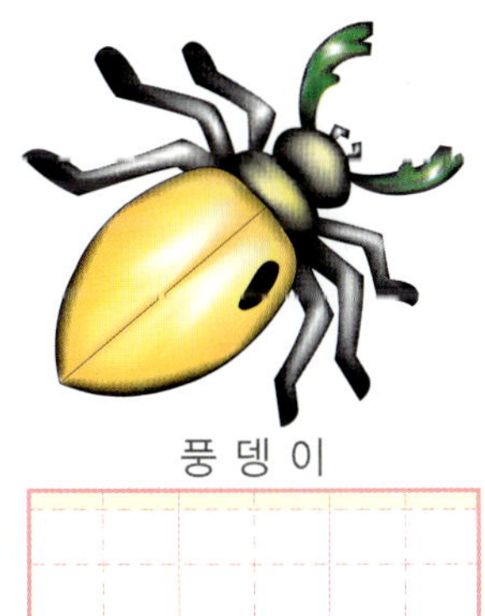

풍 뎅 이

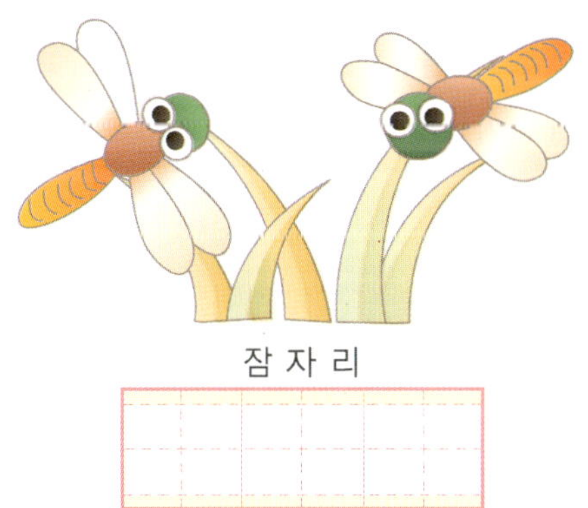

잠 자 리

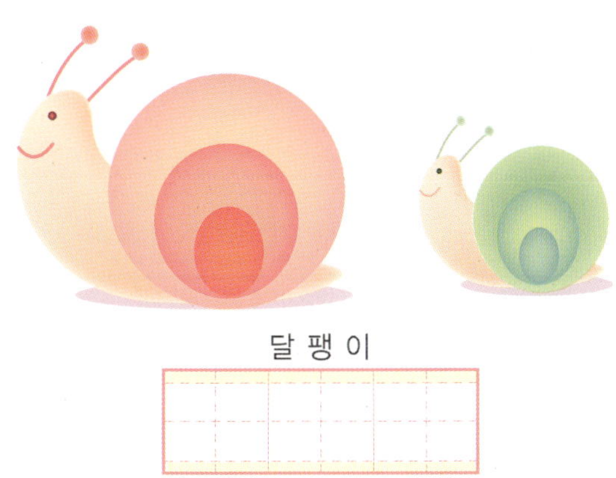

달 팽 이

개 미

❌ 아래 낱말을 천천히 또박또박 선을 긋듯이 크기와 간격을 맞추어 쓰세요.

❌ 글자 위로 한 번씩 쓰고 나서 점선 공백 안에 천천히 자필로 써 보세요.

1

파 리　파 리　파 리　파 리

모 기　모 기　모 기　모 기

잠 자 리　잠 자 리　잠 자 리

나 비　나 비　나 비　나 비

매 미　매 미　매 미　매 미

곤충의 장 글씨 쓰면서 기억하기

✖ 아래 낱말을 천천히 또박또박 선을 긋듯이 크기와 간격을 맞추어 쓰세요.

✖ 글자 위로 한 번씩 쓰고 나서 점선 공백 안에 천천히 자필로 써 보세요.

2

달팽이　달팽이　달팽이

사마귀　사마귀　사마귀

귀뚜라미　귀뚜라미

하늘소　하늘소　하늘소

풍뎅이　풍뎅이　풍뎅이

곤충의 장 글씨 쓰면서 기억하기

❌ 아래 낱말을 천천히 또박또박 선을 긋듯이 크기와 간격을 맞추어 쓰세요.

❌ 글자 위로 한 번씩 쓰고 나서 점선 공백 안에 천천히 자필로 써 보세요.

3

벌　벌　벌　벌　벌　벌　벌

여치　여치　여치　여치

개미　개미　개미　개미

베짱이　베짱이　베짱이

메뚜기　메뚜기　메뚜기

※ 아래 그림을 보고 빈칸에 글씨를 예쁘게 써 넣으세요.

배

사 과

포 도

감

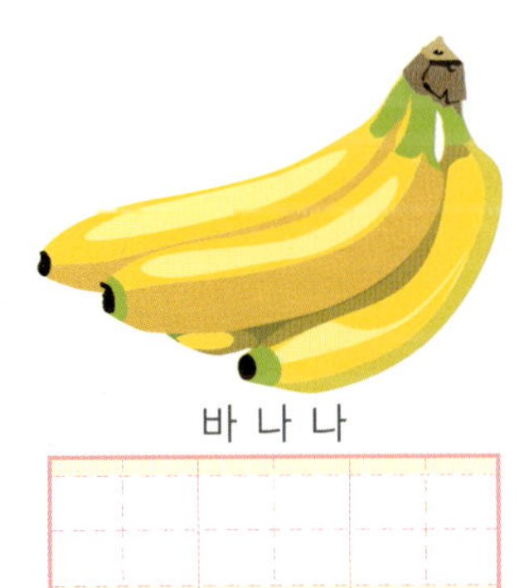

바 나 나

파 인 애 플

메 론

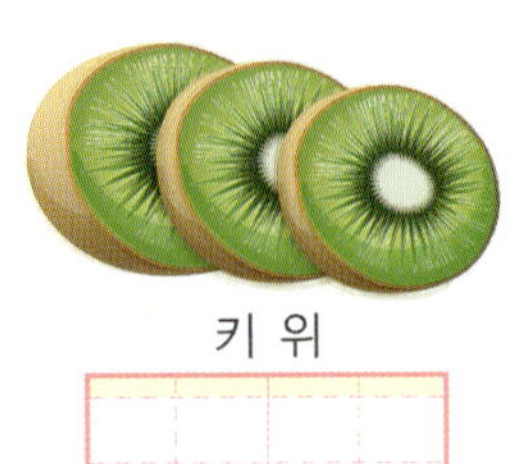

키 위

레 몬

1

✖ 아래 낱말을 천천히 또박또박 선을 긋듯이 크기와 간격을 맞추어 쓰세요.

✖ 글자 위로 한 번씩 쓰고 나서 점선 공백 안에 천천히 자필로 써 보세요.

감　감　감　감　감　감　감

사과　사과　사과　사과

딸기　딸기　딸기　딸기

바나나　바나나　바나나

오렌지　오렌지　오렌지

 과일의 장 글씨 쓰면서 기억하기

❌ 아래 낱말을 천천히 또박또박 선을 긋듯이 크기와 간격을 맞추어 쓰세요.

❌ 글자 위로 한 번씩 쓰고 나서 점선 공백 안에 천천히 자필로 써 보세요.

2

| 파 인 애 플 | 파 인 애 플 |

| 수 박 | 수 박 | 수 박 | 수 박 |

| 참 외 | 참 외 | 참 외 | 참 외 |

| 포 도 | 포 도 | 포 도 | 포 도 |

| 망 고 | 망 고 | 망 고 | 망 고 |

과일의 장 글씨 쓰면서 기억하기

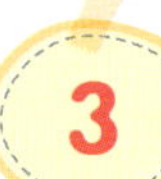

3

- 아래 낱말을 천천히 또박또박 선을 긋듯이 크기와 간격을 맞추어 쓰세요.
- 글자 위로 한 번씩 쓰고 나서 점선 공백 안에 천천히 자필로 써 보세요.

배	배	배	배	배	배	배

자두	자두	자두	자두

살구	살구	살구	살구

복숭아	복숭아	복숭아

청포도	청포도	청포도

과일의 장 글씨 쓰면서 기억하기

✖ 아래 낱말을 천천히 또박또박 선을 긋듯이 크기와 간격을 맞추어 쓰세요.

✖ 글자 위로 한 번씩 쓰고 나서 점선 공백 안에 천천히 자필로 써 보세요.

4

귤   귤   귤   귤   귤   귤   귤

레몬   레몬   레몬   레몬

키위   키위   키위   키위

메론   메론   메론   메론

체리   체리   체리   체리

※ 아래 그림을 보고 빈칸에 글씨를 예쁘게 써 넣으세요.

파

양 파

당 근

호 박

오 이

배 추

토 마 토

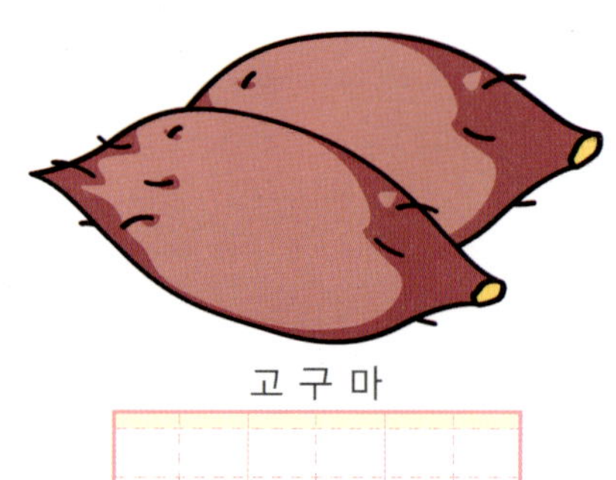

고 구 마

 ## 채소의 장 글씨 쓰면서 기억하기

1

✖ 아래 낱말을 천천히 또박또박 선을 긋듯이 크기와 간격을 맞추어 쓰세요.

✖ 글자 위로 한 번씩 쓰고 나서 점선 공백 안에 천천히 자필로 써 보세요.

무　무　무　무　무　무　무

배추　배추　배추　배추

당근　당근　당근　당근

시금치　시금치　시금치

콩나물　콩나물　콩나물

 채소의 장 글씨 쓰면서 기억하기

✖ 아래 낱말을 천천히 또박또박 선을 긋듯이 크기와 간격을 맞추어 쓰세요.

✖ 글자 위로 한 번씩 쓰고 나서 점선 공백 안에 천천히 자필로 써 보세요.

2

파 파 파 파 파 파 파

오이 오이 오이 오이

호박 호박 호박 호박

미나리 미나리 미나리

토마토 토마토 토마토

 채소의 장 글씨 쓰면서 기억하기 

✖ 아래 낱말을 천천히 또박또박 선을 긋듯이 크기와 간격을 맞추어 쓰세요.

✖ 글자 위로 한 번씩 쓰고 나서 점선 공백 안에 천천히 자필로 써 보세요.

갓　갓　갓　갓　갓　갓　갓

양파　양파　양파　양파

마늘　마늘　마늘　마늘

고구마　고구마　고구마

총각무　총각무　총각무

※ 아래 그림을 보고 빈칸에 글씨를 예쁘게 써 넣으세요.

장 미

연 꽃

벚 꽃

개 나 리

나 팔 꽃

🐝 꽃의 장 글씨 쓰면서 기억하기

✖ 아래 낱말을 천천히 또박또박 선을 긋듯이 크기와 간격을 맞추어 쓰세요.

✖ 글자 위로 한 번씩 쓰고 나서 점선 공백 안에 천천히 자필로 써 보세요.

(1)

국화　국화　국화　국화

장미　장미　장미　장미

벚꽃　벚꽃　벚꽃　벚꽃

무궁화　무궁화　무궁화

나팔꽃　나팔꽃　나팔꽃

꽃의 장 글씨 쓰면서 기억하기

✖ 아래 낱말을 천천히 또박또박 선을 긋듯이 크기와 간격을 맞추어 쓰세요.

✖ 글자 위로 한 번씩 쓰고 나서 점선 공백 안에 천천히 자필로 써 보세요.

2

철쭉　철쭉　철쭉　철쭉

매화　매화　매화　매화

연꽃　연꽃　연꽃　연꽃

개나리　개나리　개나리

진달래　진달래　진달래

자연의 장(場) 글씨 쓰면서 기억하기

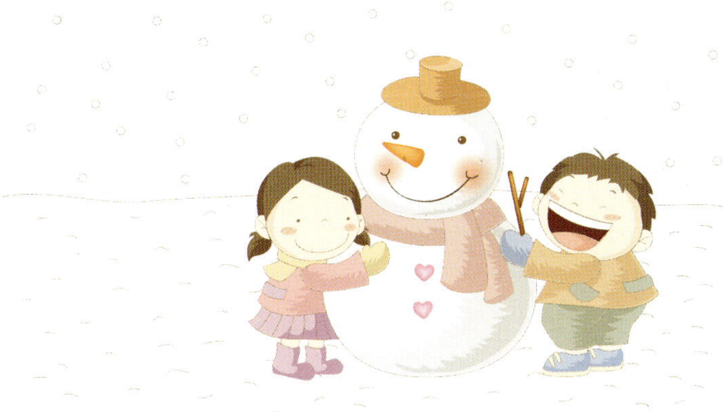

눈

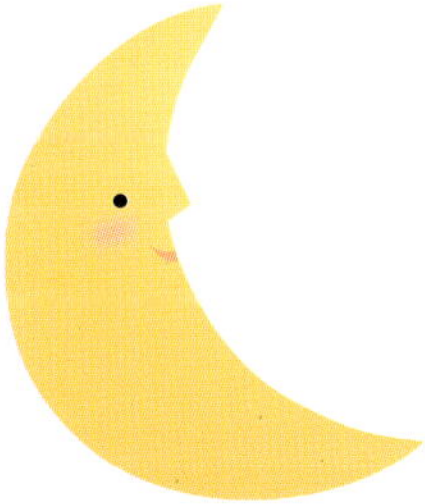

달

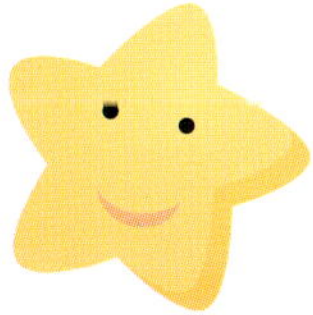

별

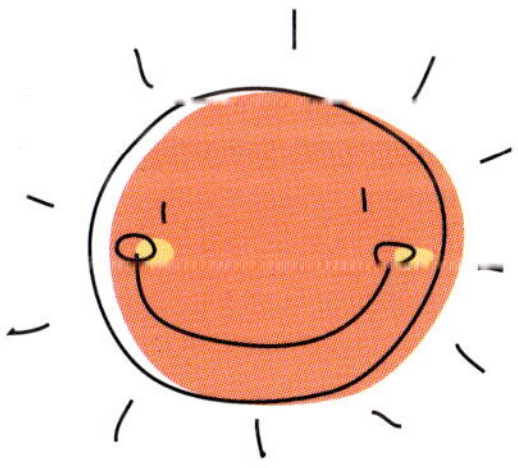

해

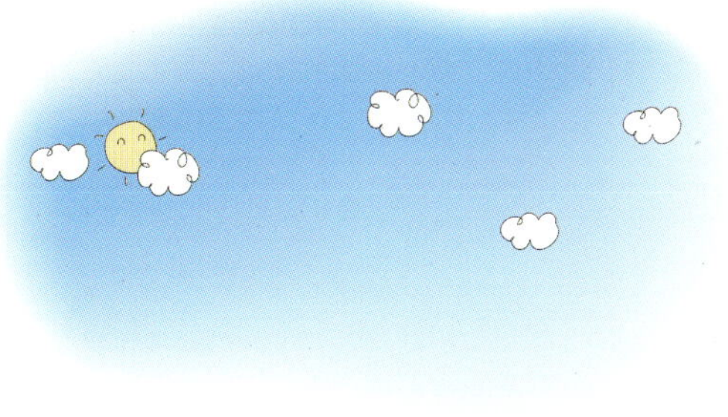

하 늘

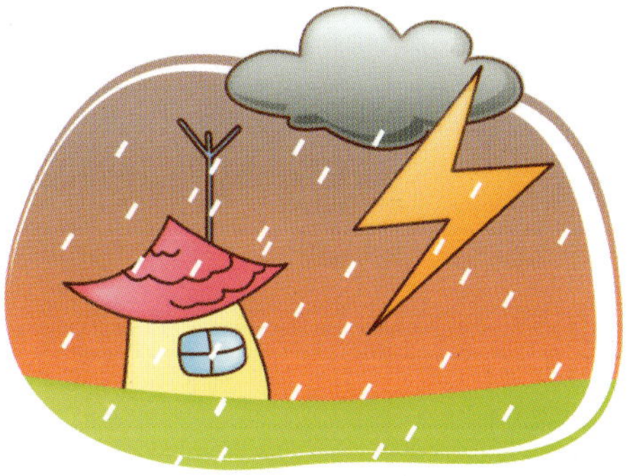

번 개

자연의 장 글씨 쓰면서 기억하기

❌ 아래 낱말을 천천히 또박또박 선을 긋듯이 크기와 간격을 맞추어 쓰세요.

❌ 글자 위로 한 번씩 쓰고 나서 점선 공백 안에 천천히 자필로 써 보세요.

1

비 비 비 비 비 비 비

눈 눈 눈 눈 눈 눈 눈

달 달 달 달 달 달 달

별 별 별 별 별 별 별

해 해 해 해 해 해 해

 자연의 장 글씨 쓰면서 기억하기

✖ 아래 낱말을 천천히 또박또박 선을 긋듯이 크기와 간격을 맞추어 쓰세요.

✖ 글자 위로 한 번씩 쓰고 나서 점선 공백 안에 천천히 자필로 써 보세요.

구름　구름　구름　구름

번개　번개　번개　번개

소나기　소나기　소나기

바람　바람　바람　바람

태풍　태풍　태풍　태풍

🐝 자연의 장 글씨 쓰면서 기억하기

❌ 아래 낱말을 천천히 또박또박 선을 긋듯이 크기와 간격을 맞추어 쓰세요.

❌ 글자 위로 한 번씩 쓰고 나서 점선 공백 안에 천천히 자필로 써 보세요.

3

물　물　물　물　물　물　물

천둥　천둥　천둥　천둥

홍수　홍수　홍수　홍수

이슬비　이슬비　이슬비

가랑비　가랑비　가랑비

 자연의 장 글씨 쓰면서 기억하기

✖ 아래 낱말을 천천히 또박또박 선을 긋듯이 크기와 간격을 맞추어 쓰세요.

✖ 글자 위로 한 번씩 쓰고 나서 점선 공백 안에 천천히 자필로 써 보세요.

4

하늘 하늘 하늘 하늘

우박 우박 우박 우박

함박눈 함박눈 함박눈

안개 안개 안개 안개

서리 서리 서리 서리

※ 아래 그림을 보고 빈칸에 글씨를 예쁘게 써 넣으세요.

의 사

간 호 사

경 찰

군 인

농 부

요 리 사

선 생 님

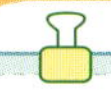  ## 직업의 장 글씨 쓰면서 기억하기

❋ 아래 낱말을 천천히 또박또박 선을 긋듯이 크기와 간격을 맞추어 쓰세요.

❋ 글자 위로 한 번씩 쓰고 나서 점선 공백 안에 천천히 자필로 써 보세요.

1

의사 　의사 　의사 　의사

경찰 　경찰 　경찰 　경찰

목수 　목수 　목수 　목수

대통령 　대통령 　대통령

선생님 　선생님 　선생님

직업의 장 글씨 쓰면서 기억하기

✖ 아래 낱말을 천천히 또박또박 선을 긋듯이 크기와 간격을 맞추어 쓰세요.

✖ 글자 위로 한 번씩 쓰고 나서 점선 공백 안에 천천히 자필로 써 보세요.

2

어부	어부	어부	어부

농부	농부	농부	농부

광부	광부	광부	광부

이발사	이발사	이발사

간호사	간호사	간호사

직업의 장 글씨 쓰면서 기억하기

✖ 아래 낱말을 천천히 또박또박 선을 긋듯이 크기와 간격을 맞추어 쓰세요.

✖ 글자 위로 한 번씩 쓰고 나서 점선 공백 안에 천천히 자필로 써 보세요.

3

스님　스님　스님　스님

목사　목사　목사　목사

군인　군인　군인　군인

요리사　요리사　요리사

변호사　변호사　변호사

※ 아래 그림을 보고 빈칸에 글씨를 예쁘게 써 넣으세요.

출 발

비 행 기

여 행

조 종 사

여 권

승 무 원

  공항의 장 글씨 쓰면서 기억하기

❋ 아래 낱말을 천천히 또박또박 선을 긋듯이 크기와 간격을 맞추어 쓰세요.

❋ 글자 위로 한 번씩 쓰고 나서 점선 공백 안에 천천히 자필로 써 보세요.

1

출발　출발　출발　출발

도착　도착　도착　도착

탑승　탑승　탑승　탑승

비행기　비행기　비행기

조종사　조종사　조종사

🐝 공항의 장 글씨 쓰면서 기억하기

✖ 아래 낱말을 천천히 또박또박 선을 긋듯이 크기와 간격을 맞추어 쓰세요.

✖ 글자 위로 한 번씩 쓰고 나서 점선 공백 안에 천천히 자필로 써 보세요.

2

여권　여권　여권　여권

비자　비자　비자　비자

요금　요금　요금　요금

승무원　승무원　승무원

안내원　안내원　안내원

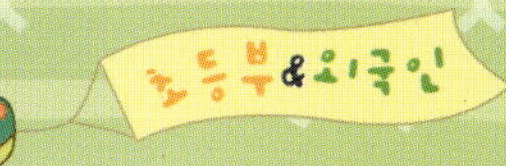

 공항의 장 글씨 쓰면서 기억하기

✖ 아래 낱말을 천천히 또박또박 선을 긋듯이 크기와 간격을 맞추어 쓰세요.

✖ 글자 위로 한 번씩 쓰고 나서 점선 공백 안에 천천히 자필로 써 보세요.

3

승객　승객　승객　승객

좌석　좌석　좌석　좌석

여행　여행　여행　여행

항공권　항공권　항공권

대합실　대합실　대합실

※ 아래 그림을 보고 빈칸에 글씨를 예쁘게 써 넣으세요.

편 지

봉 투

우 표

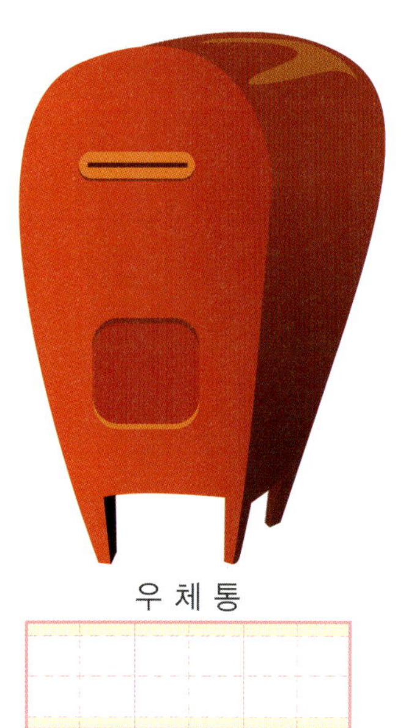

우 체 통

집 배 원

 우체국의 장 글씨 쓰면서 기억하기

✖ 아래 낱말을 천천히 또박또박 선을 긋듯이 크기와 간격을 맞추어 쓰세요.

✖ 글자 위로 한 번씩 쓰고 나서 점선 공백 안에 천천히 자필로 써 보세요.

1

우표　우표　우표　우표

편지　편지　편지　편지

엽서　엽서　엽서　엽서

우체통　우체통　우체통

집배원　집배원　집배원

🐝 우체국의 장 글씨 쓰면서 기억하기

✖ 아래 낱말을 천천히 또박또박 선을 긋듯이 크기와 간격을 맞추어 쓰세요.

✖ 글자 위로 한 번씩 쓰고 나서 점선 공백 안에 천천히 자필로 써 보세요.

2

봉투　봉투　봉투　봉투

주소　주소　주소　주소

우편물　우편물　우편물

소포　소포　소포　소포

등기　등기　등기　등기

현 금

도 장

통 장

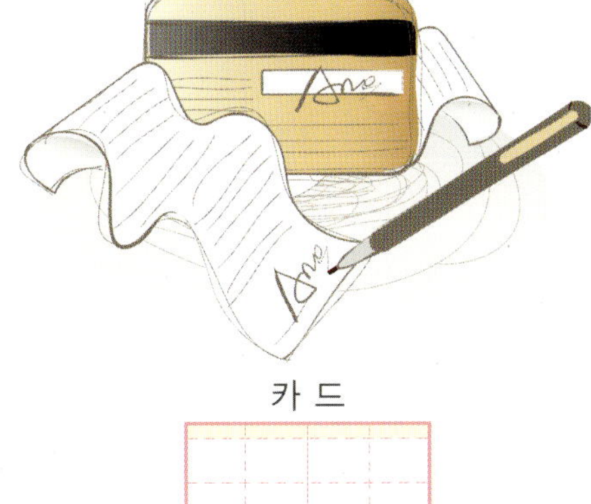

카 드

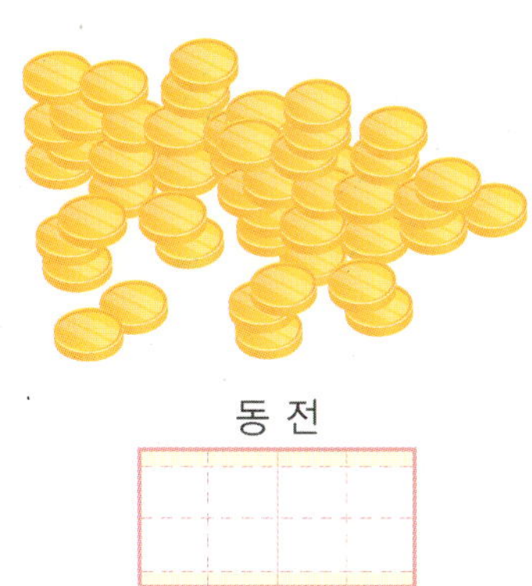

동 전

은행의 장 글씨 쓰면서 기억하기

✖ 아래 낱말을 천천히 또박또박 선을 긋듯이 크기와 간격을 맞추어 쓰세요.

✖ 글자 위로 한 번씩 쓰고 나서 점선 공백 안에 천천히 자필로 써 보세요.

1

현금　현금　현금　현금

도장　도장　도장　도장

비밀번호　비밀번호

통장　통장　통장　통장

적금　적금　적금　적금

 # 은행의 장 글씨 쓰면서 기억하기

❎ 아래 낱말을 천천히 또박또박 선을 긋듯이 크기와 간격을 맞추어 쓰세요.

❎ 글자 위로 한 번씩 쓰고 나서 점선 공백 안에 천천히 자필로 써 보세요.

동전　동전　동전　동전

저축　저축　저축　저축

인출기　인출기　인출기

카드　카드　카드　카드

금액　금액　금액　금액

※ 아래 그림을 보고 빈칸에 글씨를 예쁘게 써 넣으세요.

노 래 하 다

춤 을 추 다

울 다

뛰 다

차 다

일상생활 활동의 장 글씨 쓰면서 기억하기

❋ 아래 낱말을 천천히 또박또박 선을 긋듯이 크기와 간격을 맞추어 쓰세요.

❋ 글자 위로 한 번씩 쓰고 나서 점선 공백 안에 천천히 자필로 써 보세요.

노래하다

춤을 추다

노래하다

춤을 추다

노래하다

춤을 추다

노래하다

춤을 추다

노래하다

춤을 추다

❖ 아래 낱말을 천천히 또박또박 선을 긋듯이 크기와 간격을 맞추어 쓰세요.

❖ 글자 위로 한 번씩 쓰고 나서 점선 공백 안에 천천히 자필로 써 보세요.

2

웃다　웃다　웃다　웃다

울다　울다　울다　울다

씻다　씻다　씻다　씻다

잠자다　잠자다　잠자다

잠깨다　잠깨다　잠깨다

 일상생활 활동의 장 글씨 쓰면서 기억하기

3

✖ 아래 낱말을 천천히 또박또박 선을 긋듯이 크기와 간격을 맞추어 쓰세요.

✖ 글자 위로 한 번씩 쓰고 나서 점선 공백 안에 천천히 자필로 써 보세요.

팔다	팔다	팔다	팔다
사다	사다	사다	사다
받다	받다	받다	받다

보내다	보내다	보내다
말하다	말하다	말하다

일상생활 활동의 장 글씨 쓰면서 기억하기

✖ 아래 낱말을 천천히 또박또박 선을 긋듯이 크기와 간격을 맞추어 쓰세요.

✖ 글자 위로 한 번씩 쓰고 나서 점선 공백 안에 천천히 자필로 써 보세요.

4

심다　심다　심다　심다

뽑다　뽑다　뽑다　뽑다

고치다　고치다　고치다

걷다　걷다　걷다　걷다

뛰다　뛰다　뛰다　뛰다

 ## 일상생활 활동의 장 글씨 쓰면서 기억하기

5

✖ 아래 낱말을 천천히 또박또박 선을 긋듯이 크기와 간격을 맞추어 쓰세요.

✖ 글자 위로 한 번씩 쓰고 나서 점선 공백 안에 천천히 자필로 써 보세요.

일어나다	잠을 자다
일어나다	잠을 자다
일어나다	잠을 자다
일어나다	잠을 자다
일어나다	잠을 자다

잡다　잡다　잡다　잡다

놓다　놓다　놓다　놓다

주다　주다　주다　주다

던지다　던지다　던지다

그리다　그리다　그리다

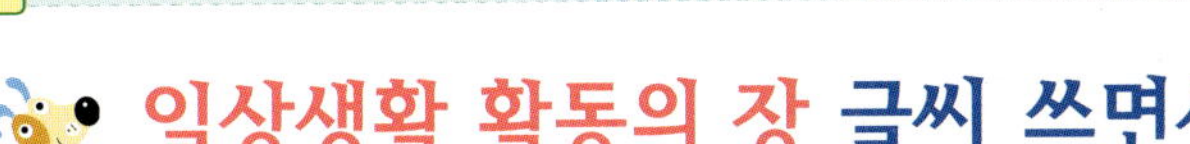 일상생활 활동의 장 글씨 쓰면서 기억하기

아래 낱말을 천천히 또박또박 선을 긋듯이 크기와 간격을 맞추어 쓰세요.

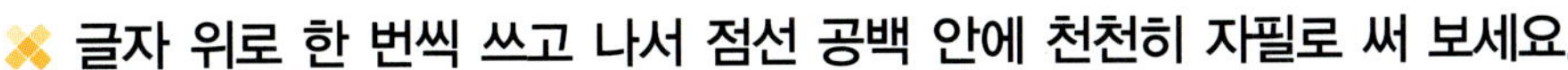
글자 위로 한 번씩 쓰고 나서 점선 공백 안에 천천히 자필로 써 보세요.

차다 차다 차다 차다

밀다 밀다 밀다 밀다

끌다 끌다 끌다 끌다

당기다 당기다 당기다

화내다 화내다 화내다

❌ 아래 낱말을 천천히 또박또박 선을 긋듯이 크기와 간격을 맞추어 쓰세요.

❌ 글자 위로 한 번씩 쓰고 나서 점선 공백 안에 천천히 자필로 써 보세요.

묶다　묶다　묶다　묶다

풀다　풀다　풀다　풀다

말하다　말하다　말하다

열다　열다　열다　열다

닫다　닫다　닫다　닫다

※ 아래 그림을 보고 빈칸에 글씨를 예쁘게 써 넣으세요.

만 들 다

읽 다

넣 다

먹 다

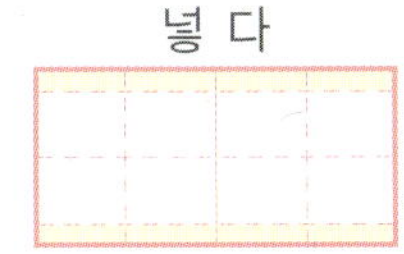

듣 다

놀 다

1

✖ 아래 낱말을 천천히 또박또박 선을 긋듯이 크기와 간격을 맞추어 쓰세요.

✖ 글자 위로 한 번씩 쓰고 나서 점선 공백 안에 천천히 자필로 써 보세요.

올라가다　　　내려오다

올라가다　　　내려오다

올라가다　　　내려오다

올라가다　　　내려오다

올라가다　　　내려오다

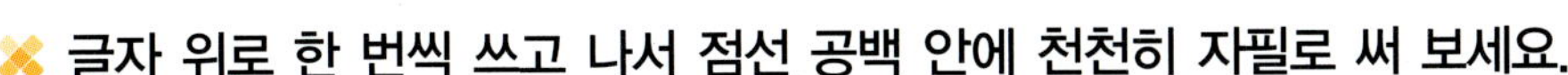

✖ 아래 낱말을 천천히 또박또박 선을 긋듯이 크기와 간격을 맞추어 쓰세요.

✖ 글자 위로 한 번씩 쓰고 나서 점선 공백 안에 천천히 자필로 써 보세요.

2

놀다　놀다　놀다　놀다

읽다　읽다　읽다　읽다

듣다　듣다　듣다　듣다

삼키다　삼키다　삼키다

빼내다　빼내다　빼내다

🐝 일상생활 활동의 장 글씨 쓰면서 기억하기

3

✖ 아래 낱말을 천천히 또박또박 선을 긋듯이 크기와 간격을 맞추어 쓰세요.

✖ 글자 위로 한 번씩 쓰고 나서 점선 공백 안에 천천히 자필로 써 보세요.

넣다　　넣다　　넣다　　넣다

잡다　　잡다　　잡다　　잡다

가다　　가다　　가다　　가다

멈추다　　멈추다　　멈추다

잠그다　　잠그다　　잠그다

🐝 일상생활 활동의 장 글씨 쓰면서 기억하기

4

✖ 아래 낱말을 천천히 또박또박 선을 긋듯이 크기와 간격을 맞추어 쓰세요.

✖ 글자 위로 한 번씩 쓰고 나서 점선 공백 안에 천천히 자필로 써 보세요.

파다   파다   파다   파다

덮다   덮다   덮다   덮다

만들다   만들다   만들다

먹다   먹다   먹다   먹다

입다   입다   입다   입다

✖ 아래 낱말을 천천히 또박또박 선을 긋듯이 크기와 간격을 맞추어 쓰세요.

✖ 글자 위로 한 번씩 쓰고 나서 점선 공백 안에 천천히 자필로 써 보세요.

빨리가다

늦게가다

빨리가다

늦게가다

빨리가다

늦게가다

빨리가다

늦게가다

빨리가다

늦게가다

 ## 일상생활 활동의 장 글씨 쓰면서 기억하기

6

✖ 아래 낱말을 천천히 또박또박 선을 긋듯이 크기와 간격을 맞추어 쓰세요.

✖ 글자 위로 한 번씩 쓰고 나서 점선 공백 안에 천천히 자필로 써 보세요.

살다　살다　살다　살다

죽다　죽다　죽다　죽다

불다　불다　불다　불다

늘리다　늘리다　늘리다

줄이다　줄이다　줄이다

❌ 아래 낱말을 천천히 또박또박 선을 긋듯이 크기와 간격을 맞추어 쓰세요.

❌ 글자 위로 한 번씩 쓰고 나서 점선 공백 안에 천천히 자필로 써 보세요.

7

물다　물다　물다　물다

깨다　깨다　깨다　깨다

끝내다　끝내다　끝내다

앉다　앉다　앉다　앉다

서다　서다　서다　서다

 일상생활 활동의 장 글씨 쓰면서 기억하기

✖ 아래 낱말을 천천히 또박또박 선을 긋듯이 크기와 간격을 맞추어 쓰세요.

✖ 글자 위로 한 번씩 쓰고 나서 점선 공백 안에 천천히 자필로 써 보세요.

 8

 한국의 속담과 뜻 이해하며 쓰기

1

✖ 다음 속담을 연필로 천천히 글자의 선을 따라 써 보세요.

✖ 아래 빈칸에 속담을 위의 글자 크기에 맞추어 연필로 바르게 써 보세요.

 공교롭게 뜻하지 않은 일을 당했을 때 이르는 말

가는 날이 장날이다.

 서로 처지가 비슷한 사람끼리 한 편이 된다는 뜻

가재는 게편이다.

 줄 때는 조금 주고, 받을 때는 많이 받는다는 뜻

되로 주고 말로 받는다.

 아무리 많이 가지고 있어도 낭비하면 줄어든다는 뜻

강물도 쓰면 준다.

 좋은 말을 하면 좋은 결과가 있고 나쁜 말을 하면 나쁜 결과를 보게 된다는 뜻

말이 씨가 된다.

 한국의 속담과 뜻 이해하며 쓰기

✖ 다음 속담을 연필로 천천히 글자의 선을 따라 써 보세요.

✖ 아래 빈칸에 속담을 위의 글자 크기에 맞추어 연필로 바르게 써 보세요.

2

 자주 있어야 할 일이 오랜만에 있을 때 이르는 말

가뭄에 콩 나듯이

 어려웠던 시절의 처지와 은공을 잊은 것을 뜻함

개구리 올챙이 적 생각 못한다.

 자기에게 이로우면 찬성하고 해로우면 반대하는 것을 말함

달면 삼키고 쓰면 뱉는다.

 소문이 이 사람 입에서 저 사람 입을 거쳐 순식간에 퍼진다는 뜻

발 없는 말이 천 리 간다.

 땀 흘려 벌어서 떳떳하고 보람있게 쓴다는 말

개같이 벌어서 정승같이 쓴다.

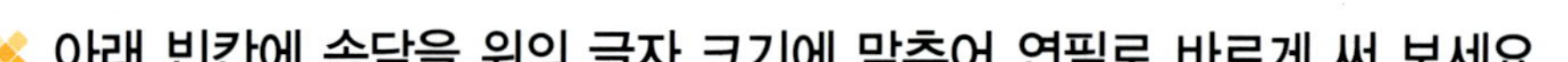

✖ 다음 속담을 연필로 천천히 글자의 선을 따라 써 보세요.

✖ 아래 빈칸에 속담을 위의 글자 크기에 맞추어 연필로 바르게 써 보세요.

3

 보잘것없는 약한 사람도 억울한 일을 당하면 항의한다는 뜻

지렁이도 밟으면 꿈틀 한다.

 실행하지도 못할 일을 논의 함을 뜻함

고양이 목에 방울 달기

 양반도 배가 불러야만 체면을 차릴 수 있다는 뜻

수염이 열 자라도 먹어야 양반

 조그만 일이라도 자주 겹치면 큰일이 된다는 뜻

가랑비에 옷 젖는 줄 모른다.

 기억력이 없이 자주 잊어버리는 사람을 비유한 말

까마귀 고기를 먹었나

 한국의 속담과 뜻 이해하며 쓰기

✖ 다음 속담을 연필로 천천히 글자의 선을 따라 써 보세요.

✖ 아래 빈칸에 속담을 위의 글자 크기에 맞추어 연필로 바르게 써 보세요.

4

 너무나 뜻밖의 일이나 행동을 보았을 때 하는 말

내일은 서쪽에서 해가 뜨겠다.

 한 가지 일로 두 가지 이상의 이익을 보았을 때 이르는 말

꿩 먹고 알 먹는다.

 나쁜 버릇은 어릴 때 고쳐야 하며 못 고치면 죽을 때까지 간다는 뜻

세 살 적 버릇 여든까지 간다.

 아주 무식함을 이르는 말

낫 놓고 기역자도 모른다.

 지은 죄가 있으면 마음이 조마조마하여 진다는 뜻

도둑이 제 발 저린다.

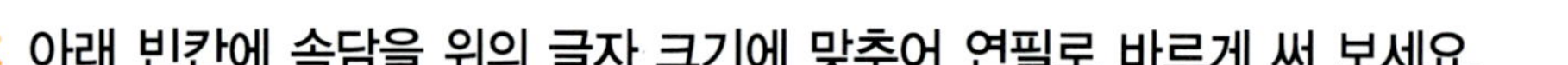

한국의 속담과 뜻 이해하며 쓰기

✖ 다음 속담을 연필로 천천히 글자의 선을 따라 써 보세요.

✖ 아래 빈칸에 속담을 위의 글자 크기에 맞추어 연필로 바르게 써 보세요.

5

 평소에 신경도 쓰지 않고 있다가 손해를 본 뒤 손을 쓴다는 뜻

소 잃고 외양간 고친다.

 꾸준히 노력하면 어려운 일도 이룰 수 있다는 뜻

무쇠도 갈면 바늘 된다.

 몹시 고생하는 사람도 언젠가 좋은 날이 올 때가 있다는 뜻

쥐구멍에도 볕 들 날이 있다.

 가까운 데서 일어나는 일을 먼 곳에 일보다 모를 수 있다는 뜻

등잔 밑이 어둡다.

 어떤 일을 할 때 자체에서 얻은 이익보다 그 일을 위해 치른 대가가 엄청나게 클 때 하는 말

배보다 배꼽이 크다.

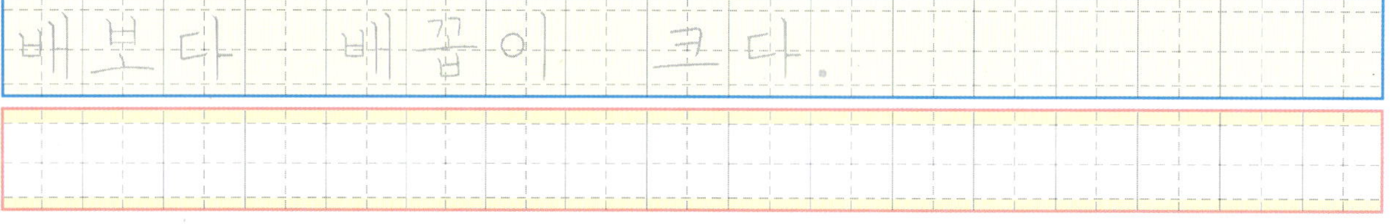

 애국가 (1절) 쓰면서 기억하기

✖ 다음 애국가 가사를 연필로 글자의 선을 따라 천천히 한 번 써 보세요.

✖ 아래 빈칸에 가사를 위의 글자 크기에 맞추어 연필로 바르게 써 보세요.

1

동해물과 백두산이 마르고 닳도록

하느님이 보우하사 우리 나라만세

무궁화 삼천리 화려강산

대한사람 대한으로 길이 보전하세

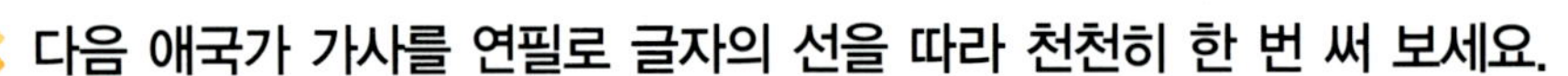

애국가 (2절) 쓰면서 기억하기

✖ 다음 애국가 가사를 연필로 글자의 선을 따라 천천히 한 번 써 보세요.

✖ 아래 빈칸에 가사를 위의 글자 크기에 맞추어 연필로 바르게 써 보세요.

2

남산 위에 저 소나무 철갑을 두른 듯

바람 서리 불변함은 우리 기상일세

무궁화 삼천리 화려강산

대한 사람 대한으로 길이 보전하세

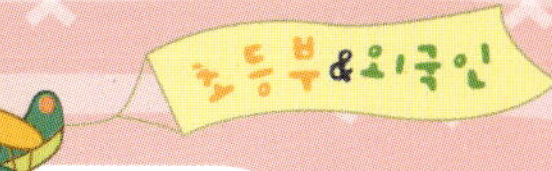

애국가 (3절) 쓰면서 기억하기

✖ 다음 애국가 가사를 연필로 글자의 선을 따라 천천히 한 번 써 보세요.

✖ 아래 빈칸에 가사를 위의 글자 크기에 맞추어 연필로 바르게 써 보세요.

3

가을 하늘 공활한데 높고 구름 없이

밝은 달은 우리 가슴 일편단심일세

무궁화 삼천리 화려강산

대한 사람 대한으로 길이 보전하세

애국가 (4절) 쓰면서 기억하기

✖ 다음 애국가 가사를 연필로 글자의 선을 따라 천천히 한 번 써 보세요.

✖ 아래 빈칸에 가사를 위의 글자 크기에 맞추어 연필로 바르게 써 보세요.

4

이 기상과 이 맘으로 충성을 다하여

괴로우나 즐거우나 나라 사랑하세

무궁화 삼천리 화려강산

대한사람 대한으로 길이 보전하세

알파벳 획순 공부하기

A [에이]  사과 **apple** 애플	**B** [비이]  버스 **bus** 버스		
C [씨이]  고양이 **cat** 캣	**D** [디이] 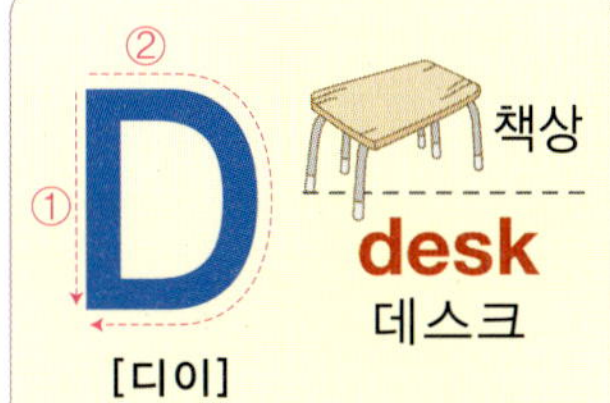 책상 **desk** 데스크	**E** [이이]  계란 **egg** 에그	**F** [에프] 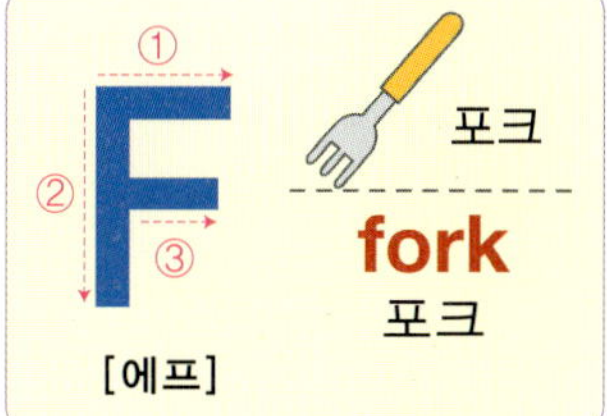 포크 **fork** 포크
G [지이] 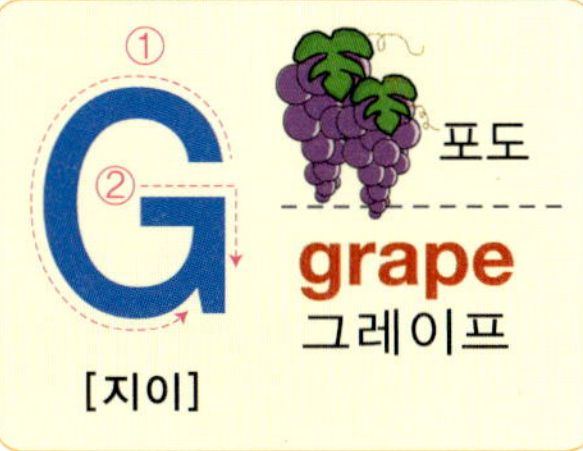 포도 **grape** 그레이프	**H** [에이취] 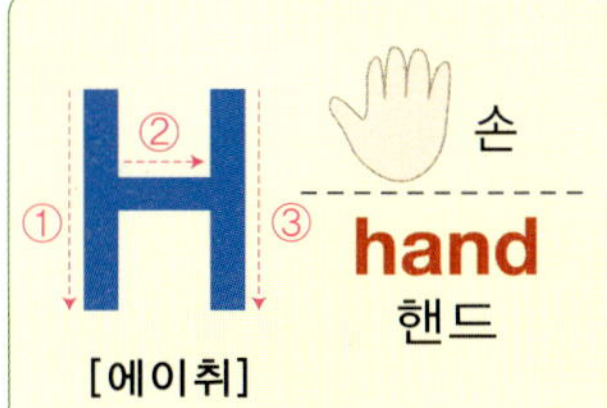 손 **hand** 핸드	**I** [아이]  아이스 크림 **ice cream** 아이스 크림	**J** [제이]  쥬스 **jucie** 쥬스
K [케이]  왕 **king** 킹	**L** [엘]  사자 **lion** 라이언	**M** [엠]  우유 **milk** 밀크	**N** [엔]  신문 **new** 뉴스
O [오우]  오렌지 **orange** 오렌지	**P** [피이]  연필 **pencil** 펜슬	**Q** [큐우]  여왕 **queen** 퀸	**R** [아아르] 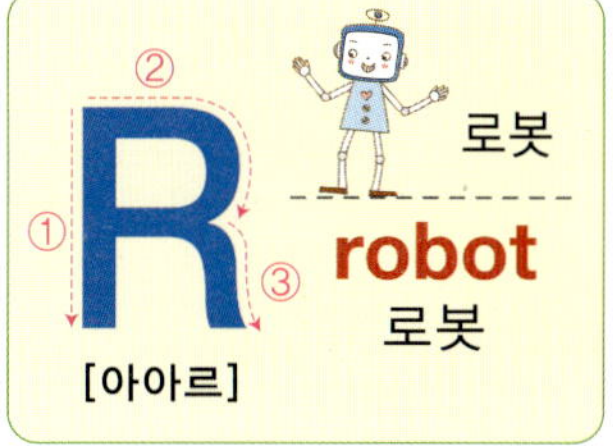 로봇 **robot** 로봇
S [에스]  해 **sun** 선	**T** [티이] 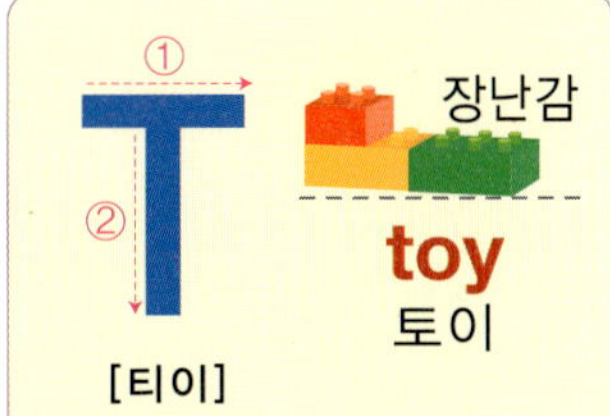 장난감 **toy** 토이	**U** [유우]  우산 **umbrella** 엄브렐러	**V** [뷔이] 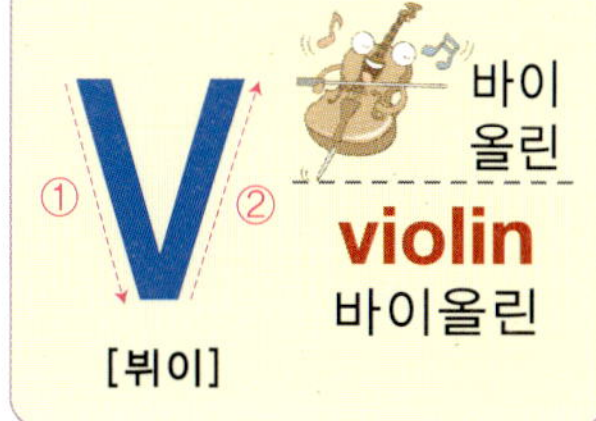 바이올린 **violin** 바이올린
W [더블류]  시계 **watch** 왓치	**X** [엑스]  엑스레이 **x-ray** 엑스레이	**Y** [와이] 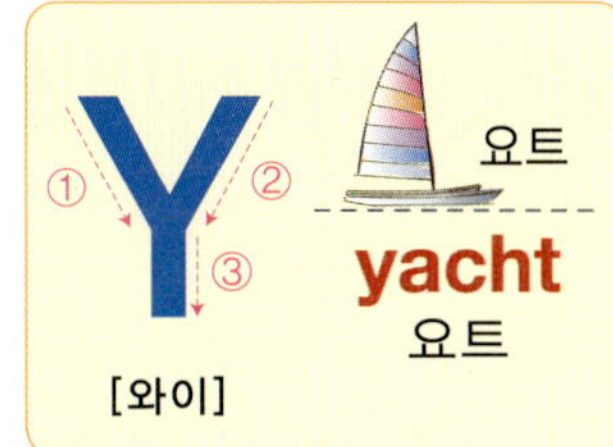 요트 **yacht** 요트	**Z** [지이]  동물원 **zoo** 주-

1. 영어 알파벳 인쇄체 대문자 쓰기

❌ 다음 알파벳의 선을 따라 연필로 천천히 덮어 쓰고 나서 점선을 따라 다시 써 보세요.

❌ 아래 빈칸에 알파벳의 크기에 맞추어 한 번 더 바르게 써 보세요.

알파벳 쓰기 1

A B C D E F G H I

알파벳 쓰기 2

A B C D E F G H I

알파벳 쓰기 3

알파벳 쓰기 4

J K L M N O P Q R

알파벳 쓰기 5

J K L M N O P Q R

알파벳 쓰기 6

 1. 영어 알파벳 인쇄체 대문자 쓰기 

✖ 다음 알파벳의 선을 따라 연필로 천천히 덮어 쓰고 나서 점선을 따라 다시 써 보세요.

✖ 아래 빈칸에 알파벳의 크기에 맞추어 한 번 더 바르게 써 보세요.

알파벳 쓰기 7

S T U V W X Y Z

알파벳 쓰기 8

S T U V W X Y Z

알파벳 쓰기 9

A~Z까지 연속 1

A B C D E F G H I

A~Z까지 연속 2

J K L M N O P Q R

A~Z까지 연속 3

S T U V W X Y Z

2. 영어 알파벳 인쇄체 소문자 쓰기

✖ 다음 알파벳의 선을 따라 연필로 천천히 덮어 쓰고 나서 점선을 따라 다시 써 보세요.

✖ 아래 빈칸에 알파벳의 크기에 맞추어 한 번 더 바르게 써 보세요.

알파벳 쓰기 1

a b c d e f g h i

알파벳 쓰기 2

a b c d e f g h i

알파벳 쓰기 3

알파벳 쓰기 4

j k l m n o p q r

알파벳 쓰기 5

j k l m n o p q r

알파벳 쓰기 6

2. 영어 알파벳 인쇄체 소문자 쓰기

✖ 다음 알파벳의 선을 따라 연필로 천천히 덮어 쓰고 나서 점선을 따라 다시 써 보세요.

✖ 아래 빈칸에 알파벳의 크기에 맞추어 한 번 더 바르게 써 보세요.

알파벳 쓰기 7

s t u v w x y z

알파벳 쓰기 8

s t u v w x y z

알파벳 쓰기 9

A~Z까지 연속1

a b c d e f g h i

A~Z까지 연속2

j k l m n o p q r

A~Z까지 연속3

s t u v w x y z

3. 영어 알파벳 필기체 대문자 쓰기

✖ 다음 알파벳의 선을 따라 연필로 천천히 덮어 쓰고 나서 점선을 따라 다시 써 보세요.

✖ 아래 빈칸에 알파벳의 크기에 맞추어 한 번 더 바르게 써 보세요.

알파벳 쓰기 1

알파벳 쓰기 2

알파벳 쓰기 3

알파벳 쓰기 4

알파벳 쓰기 5

알파벳 쓰기 6

3. 영어 알파벳 필기체 대문자 쓰기

✖ 다음 알파벳의 선을 따라 연필로 천천히 덮어 쓰고 나서 점선을 따라 다시 써 보세요.

✖ 아래 빈칸에 알파벳의 크기에 맞추어 한 번 더 바르게 써 보세요.

알파벳 쓰기 7

알파벳 쓰기 8

알파벳 쓰기 9

A~Z까지 연속 1

A~Z까지 연속 2

A~Z까지 연속 3

 4. 영어 알파벳 필기체 소문자 쓰기

✖ 다음 알파벳의 선을 따라 연필로 천천히 덮어 쓰고 나서 점선을 따라 다시 써 보세요.

✖ 아래 빈칸에 알파벳의 크기에 맞추어 한 번 더 바르게 써 보세요.

알파벳 쓰기 1

알파벳 쓰기 2

알파벳 쓰기 3

알파벳 쓰기 4

알파벳 쓰기 5

알파벳 쓰기 6

 연필로 쓰는 한글악필 교정법

 4. 영어 알파벳 필기체 소문자 쓰기 

✖ 다음 알파벳의 선을 따라 연필로 천천히 덮어 쓰고 나서 점선을 따라 다시 써 보세요.

✖ 아래 빈칸에 알파벳의 크기에 맞추어 한 번 더 바르게 써 보세요.

알파벳 쓰기 7

알파벳 쓰기 8

알파벳 쓰기 9

A~Z까지 연속 1

A~Z까지 연속 2

A~Z까지 연속 3

국어의 로마자 표기법

 **1** 한글 자음의 로마자 표기는 다음과 같이 적는다.

한글자음	ㄱ	ㄴ	ㄷ	ㄹ	ㅁ	ㅂ	ㅅ	ㅇ	ㅈ	ㅊ	ㅋ	ㅌ	ㅍ	ㅎ
영문표기	g,k	n	d,t	r,l	m	b,p	s	ng	j	ch	k	t	p	h

※ 'ㄱ, ㄷ, ㅂ'은 모음 앞에서 'g, d, b'로 적고 자음 앞이나 어말 앞에서는 'k, t, p'로 적는다.

한글쌍자음	ㄲ	ㄸ	ㅃ	ㅆ	ㅉ
영문표기	kk	tt	pp	ss	jj

 **2** 한글 모음의 로마자 표기는 다음과 같이 적는다.

한글모음	ㅏ	ㅓ	ㅗ	ㅜ	ㅡ	ㅣ	ㅐ	ㅔ	ㅚ	ㅟ
영문표기	a	ae	o	u	eu	i	ae	e	oe	wi

 **3** 한글 이중모음의 로마자 표기는 다음과 같이 적는다.

한글모음	ㅑ	ㅕ	ㅛ	ㅠ	ㅒ	ㅖ	ㅘ	ㅙ	ㅝ	ㅞ	ㅢ
영문표기	ya	yeo	yo	yu	yae	ye	wa	wae	wo	we	ui

※ 'ㅢ'는 'ㅣ'로 소리가 나더라도 'ui'로 적는다.

한글 이름 영어 표기법

❌ 인명, 지명 등을 영어로 올바르게 표기법을 알고 활용하세요.

1. ㄱ ➡ 가 ga

각 gak	간 gan	갈 gal	감 gam	갑 gap	갓 gat	강 gang
개 gae	객 gaek	거 geo	건 geon	걸 geol	검 geom	겁 geop
게 ge	겨 gyeo	격 gyeok	견 gyeon	결 gyeol	겸 gyeom	겹 gyeop
경 gyeong	계 gye	고 go	곡 gok	곤 gon	골 gol	곳 got
공 gong	곶 got	과 gwa	곽 gwak	관 gwan	괄 gwal	광 gwang
괘 gwae	괴 goe	굉 goeng	교 gyo	구 gu	국 guk	군 gun
굴 gul	굿 gut	궁 gung	권 gwon	궐 gwol	귀 gwi	규 gyu
균 gyun	귤 gyul	그 geu	극 geuk	근 geun	글 geul	금 geum
급 geup	긍 geung	기 gi	긴 gin	길 gil	김 gim	까 kka
깨 kkae	꼬 kko	꼭 kkok	꽃 kkot	꾀 kkoe	꾸 kku	꿈 kkum
끝 kkeut	끼 kki					

2. ㄴ ➡ 나 na

낙 nak	난 nan	날 nal	남 nam	납 nap	낭 nang	내 nae
냉 naeng	너 neo	널 neol	네 ne	녀 nyeo	녁 nyeok	년 nyeon
념 nyeom	녕 nyeong	노 no	녹 nok	논 non	놀 nol	농 nong
뇌 noe	누 nu	눈 nun	눌 nul	느 neu	늑 neuk	늠 neum
능 neung	늬 nui	니 ni	닉 nik	닌 nin	닐 nil	님 nim

3. ㄷ ➡ 다 da

단 dan	달 dal	담 dam	답 dap	당 dang	대 dae	댁 daek
더 deo	덕 deok	도 do	독 dok	돈 don	돌 dol	동 dong
돼 dwae	되 doe	된 doen	두 du	둑 duk	둔 dun	뒤 dwi
드 deu	득 deuk	들 deul	등 deung	디 di	따 tta	땅 ttang
때 ttae	또 tto	뚜 ttu	뚝 ttuk	뜨 tteu	띠 tti	

4. ㄹ ➡ 라 ra

락 rak	란 ran	람 ram	랑 rang	래 rae	랭 raeng	량 ryang
렁 reong	레 re	려 ryeo	력 ryeok	련 ryeon	렬 ryeol	렴 ryeom
렵 ryeop	령 ryeong	례 rye	로 ro	록 rok	론 ron	롱 rong
뢰 roe	료 ryo	룡 ryong	루 ru	류 ryu	륙 ryuk	륜 ryun
률 ryul	륭 ryung	르 reu	륵 reuk	른 reun	름 reum	릉 reung
리 ri	린 rin	림 rim	립 rip			

5. ㅁ ➡ 마 ma

막 mak	만 man	말 mal	망 mang	매 mae	맥 maek	맨 maen
맹 maeng	머 meo	먹 meok	메 me	며 myeo	면 myeok	면 myeon
멸 myeol	명 myeong	모 mo	목 mok	몰 mol	못 mot	몽 mong
뫼 moe	묘 myo	무 mu	묵 muk	문 mun	물 mul	므 meu
미 mi	민 min	밀 mil				

6. ㅂ ➡ 바 ba

박 bak	반 ban	발 bal	밥 bap	방 bang	배 bae	백 baek
뱀 baem	버 beo	번 beon	벌 beol	범 beom	법 beop	벼 byeo
벽 byeok	변 byeon	별 byeol	병 byeong	보 bo	복 bok	본 bon
봉 bong	부 bu	북 buk	분 bun	불 bul	붕 bung	비 bi
빈 bin	빌 bil	빔 bim	빙 bing	빠 ppa	빼 ppae	뻐 ppeo
뽀 ppo	뿌 ppu	쁘 ppeu	삐 ppi			

7. ㅅ ➡ 사 sa

삭 sak	산 san	살 sal	삼 sam	삽 sap	상 sang	샅 sat
새 sae	색 saek	생 saeng	서 seo	석 seok	선 seon	설 seol
섬 seom	섭 seop	성 seong	세 se	셔 syeo	소 so	속 sok
손 son	솔 sol	솟 sot	송 song	쇄 swae	쇠 soe	수 su
숙 suk	순 sun	술 sul	숨 sum	숭 sung	쉬 swi	스 seu
슬 seul	슴 seum	습 seup	승 seung	시 si	식 sik	신 sin
실 sil	심 sim	십 sip	싱 sing	싸 ssa	쌍 ssang	쌔 ssae
쏘 sso	쑥 ssuk	씨 ssi				

악 ak	안 an	알 al	암 am	압 ap	앙 ang	앞 ap
애 ae	액 aek	앵 aeng	야 ya	약 yak	얀 yan	양 yang
어 eo	억 eok	언 eon	얼 eol	엄 eom	업 eop	에 e
여 yeo	역 yeok	연 yeon	열 yeol	염 yeom	엽 yeop	영 yeong
예 ye	오 o	옥 ok	온 on	올 ol	옴 om	옹 ong
와 wa	완 wan	왈 wal	왕 wang	왜 wae	외 oe	왼 oen
요 yo	욕 yok	용 yong	우 u	욱 uk	운 un	울 ul
움 um	웅 ung	워 wo	원 won	월 wol	위 wi	유 yu
육 yuk	윤 yun	율 yul	융 yung	윷 yut	으 eu	은 eun
을 eul	음 eum	읍 eup	응 eung	의 ui	이 i	익 ik
인 in	일 il	임 im	입 ip	잉 ing		

작 jak	잔 jan	잠 jam	잡 jap	장 jang	재 jae	쟁 jaeng
저 jeo	적 jeok	전 jeon	절 jeol	점 jeom	접 jeop	정 jeong
제 je	조 jo	족 jok	존 jon	졸 jol	종 jong	좌 jwa
죄 joe	주 ju	죽 juk	준 jun	줄 jul	중 jung	쥐 jwi
즈 jeu	즉 jeuk	즐 jeul	즘 jeum	즙 jeup	증 jeung	지 ji
직 jik	진 jin	질 jil	짐 jim	집 jip	징 jing	짜 jja
째 jjae	쪼 jjo	찌 jji				

착 chak	찬 chan	찰 chal	참 cham	창 chang	채 chae	책 chaek
처 cheo	척 cheok	천 cheon	철 cheol	첨 cheom	첩 cheop	청 cheong
체 che	초 cho	촉 chok	촌 chon	총 chong	최 choe	추 chu
축 chuk	춘 chun	출 chul	춤 chum	충 chung	측 cheuk	층 cheung
치 chi	칙 chik	친 chin	칠 chil	침 chim	칩 chip	칭 ching
칩 chip	칭 ching					

11. ㅋ ➡ 코 ko

쾌 kwae	크 keu	큰 keun	키 ki

12. ㅌ ➡ 타 ta

탁 tak	탄 tan	탈 tal	탐 tam	탑 tap	탕 tang	태 tae
택 taek	탱 taeng	터 teo	테 te	토 to	톤 ton	톨 tol
통 tong	퇴 toe	투 tu	퉁 tung	튀 twi	트 teu	특 teuk
틈 teum	티 ti					

13. ㅍ ➡ 파 pa

판 pan	팔 pal	패 pae	팽 paeng	퍼 peo	페 pe	펴 pyeo
편 pyeon	폄 pyeom	평 pyeong	폐 pye	포 po	폭 pok	표 pyo
푸 pu	품 pum	풍 pung	프 peu	피 pi	픽 pik	필 pil
핍 pip						

14. ㅎ ➡ 하 ha

학 hak	한 han	할 hal	함 ham	합 hap	항 hang	해 hae
핵 haek	행 haeng	향 hyang	허 heo	헌 heon	험 heom	헤 he
혀 hyeo	혁 hyeok	현 hyeon	혈 hyeol	혐 hyeom	협 hyeop	형 hyeong
혜 hye	호 ho	혹 hok	혼 hon	홀 hol	홉 hop	홍 hong
화 hwa	확 hwak	환 hwan	활 hwal	황 hwang	홰 hwae	횃 hwaet
회 hoe	획 hoek	횡 hoeng	효 hyo	후 hu	훈 hun	훤 hwon
훼 hwe	휘 hwi	휴 hyu	휼 hyul	흉 hyung	흐 heu	흑 heuk
흔 heun	흘 heul	흠 heum	흡 heup	흥 heung	희 hui	흰 huin
히 hi	힘 him					

Foreign Copyright:
Joonwon Lee
Address: 3F, 127, Yanghwa-ro, Mapo-gu, Seoul, Republic of Korea
         3rd Floor
Telephone: 82-2-3142-4151, 82-10-4624-6629
E-mail: jwlee@cyber.co.kr

초등부와 외국인을 위한

연필로 쓰는 한글악필 교정법

2008. 6. 27. 1판 1쇄 발행
2022. 9. 26. 1판 10쇄 발행

저자와의
협의하에
검인생략

지은이 │ 손동조
펴낸이 │ 이종춘
펴낸곳 │ **BM** ㈜도서출판 **성안당**
주소 │ 04032 서울시 마포구 양화로 127 첨단빌딩 3층(출판기획 R&D 센터)
       10881 경기도 파주시 문발로 112 파주 출판 문화도시(제작 및 물류)
전화 │ 02) 3142-0036
       031) 950-6300
팩스 │ 031) 955-0510
등록 │ 1973. 2. 1. 제406-2005-000046호
출판사 홈페이지 │ **www.cyber.co.kr**
ISBN │ 978-89-315-7308-4 (13710)
정가 │ **16,700원**

이 책을 만든 사람들
기획 │ 최옥현
진행 │ 정지현
홍보 │ 김계향, 이보람, 유미나, 이준영
국제부 │ 이선민, 조혜란, 권수경
마케팅 │ 구본철, 차정욱, 오영일, 나진호, 강호묵
마케팅 지원 │ 장상범, 박지연
제작 │ 김유석

■ **도서 A/S 안내**

성안당에서 발행하는 모든 도서는 저자와 출판사, 그리고 독자가 함께 만들어 나갑니다.
좋은 책을 펴내기 위해 많은 노력을 기울이고 있습니다. 혹시라도 내용상의 오류나 오탈자 등이 발견되면 **"좋은 책은 나라의 보배"**로서 우리 모두가 함께 만들어 간다는 마음으로 연락주시기 바랍니다. 수정 보완하여 더 나은 책이 되도록 최선을 다하겠습니다.
성안당은 늘 독자 여러분들의 소중한 의견을 기다리고 있습니다. 좋은 의견을 보내주시는 분께는 성안당 쇼핑몰의 포인트(3,000포인트)를 적립해 드립니다.
잘못 만들어진 책이나 부록 등이 파손된 경우에는 교환해 드립니다.

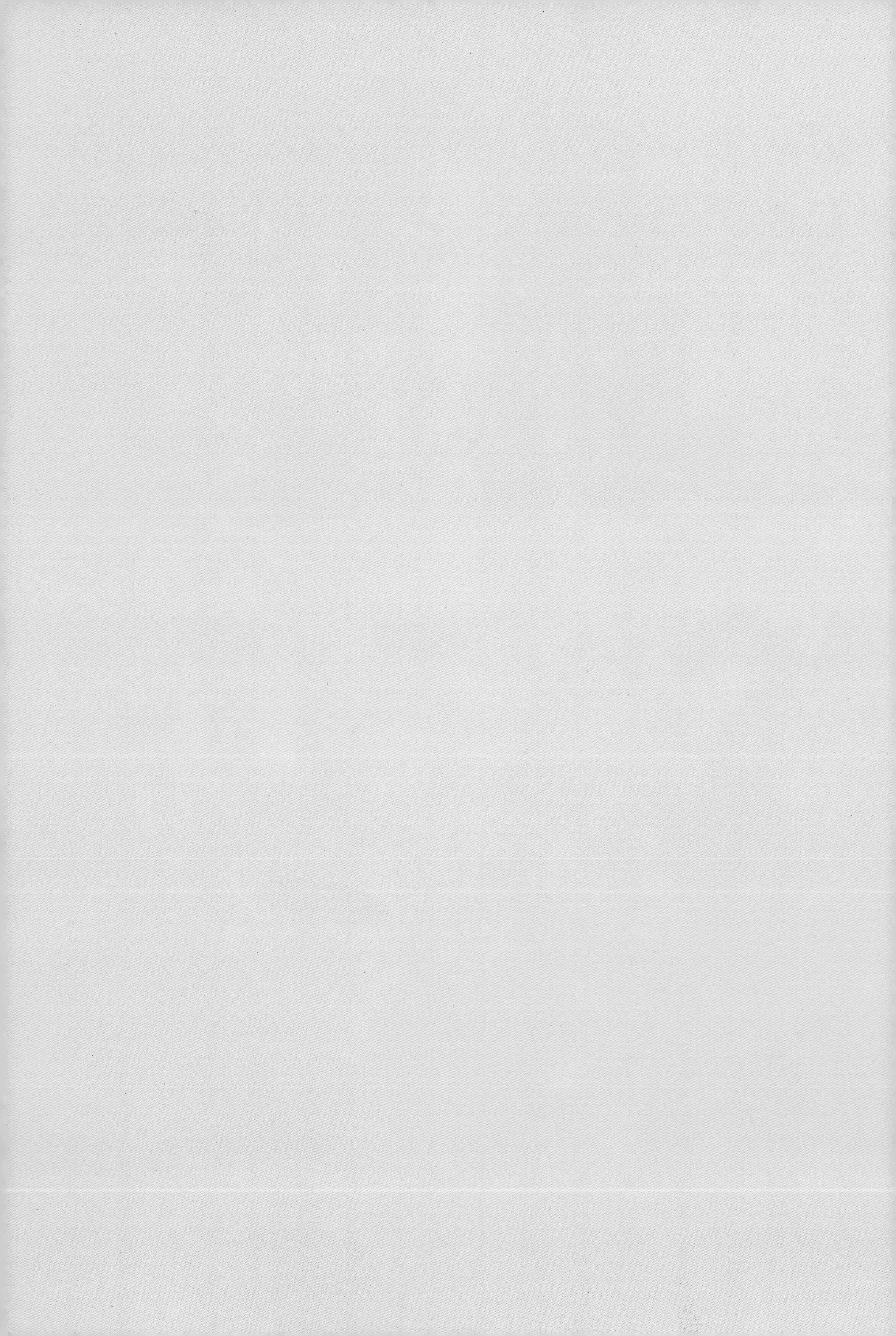